Publications de LA RÉVOLTE

J. GRAVE

LA SOCIÉTÉ
au lendemain de la Révolution

Prix : 1 fr.

Troisième édition
11º MILLE

PARIS

Au Bureau de La RÉVOLTE

140, Rue Mouffetard, 140

1893

LA RÉVOLTE

ORGANE COMMUNISTE-ANARCHISTE

Paraissant tous les 8 jours avec un supplément littéraire

Administration : 140, rue Mouffetard

Prix : 10 centimes le numéro

ABONNEMENTS

FRANCE : Un an, **6 fr.** — EXTÉRIEUR, **8 fr.**

Publications de LA RÉVOLTE

J. GRAVE

LA SOCIÉTÉ
au lendemain de la Révolution

Prix : 1 fr.

Troisième édition
11ᵉ MILLE

PARIS

Au Bureau de La RÉVOLTE
140, Rue Mouffetard, 140

1893

LA SOCIÉTÉ

AU LENDEMAIN DE LA RÉVOLUTION

I

Autorité et organisation

Un certain nombre d'anarchistes se laissent entraîner à confondre ces deux termes bien différents : en haine de l'autorité, ils repoussent toute organisation, parce que les autoritaires déguisent sous ce nom leurs différents systèmes de gouvernement — tandis que d'autres, pour éviter de tomber dans ce défaut, en arrivent à préconiser toute une organisation autoritaire qu'ils qualifient d'anarchiste.

Il y a pourtant une différence capitale à établir. Ce que les autoritaires ont baptisé du nom d'organisation est tout simplement une hiérarchie complète, légiférant, fonctionnant aux lieu et place de tous, ou faisant agir la masse au nom d'une représentation quelconque. Ce que nous entendons, nous, par organisation, c'est l'accord qui se forme, en vertu de leurs intérêts, entre les individus groupés pour une œuvre commune ; ce sont les relations mutuelles qui découlent des rapports journaliers que tous les membres d'une société sont forcés d'avoir les uns avec les autres.

Mais cette organisation n'a ni lois, ni statuts, ni règlements auxquels chaque individu soit forcé de se soumettre sous peine d'un châtiment quelconque ; cette organisation n'a aucun comité qui la représente, les individus ne lui sont point attachés par la force, ils restent libres de leur autonomie, et d'abandonner cette organisation lorsqu'elle veut se substituer à leur initiative.

———

Loin de nous l'idée prétentieuse de tracer ici un tableau de ce que sera la société future, loin de nous l'outrecuidance de vouloir donner un plan d'organisation et de le poser en principe; nous voulons tout simplement esquisser à grands traits les lignes générales qui doivent éclairer notre propagande, répondre aux objections que l'on a voulu opposer à l'idée anarchiste, et démontrer qu'une société peut fort bien s'organiser sans chefs et sans délégation, si elle est vraiment basée sur la justice et l'égalité sociales.

Oui, nous croyons que les individus doivent être laissés libres de se rechercher et de se grouper selon leurs tendances et leurs affinités. Établir un mode unique d'organisation sous lequel tout le monde devrait se plier et que l'on imposerait sitôt après la Révolution, serait une utopie, étant donnée la diversité des tempéraments et des caractères; tracer un cadre plus ou moins étroit, dans lequel la société serait appelée à se mouvoir, serait faire œuvre de doctrinaires et de conservateurs, puisque rien ne nous dit que tel idéal qui nous éblouit aujourd'hui répondra à nos besoins de demain et surtout aux besoins de la société tout entière. Ce qui a frappé d'impuissance et de stérilité les écoles socialistes, c'est que tout était prévu et réglé d'avance, dans la société qu'elles voulaient établir, rien n'était laissé à l'initiative des individus, ce qui répondait aux aspirations des uns venait en travers des aspirations des autres. De là, l'impossibilité de créer quelque chose de durable.

———

Des réactionnaires prétendent que l'anarchie serait le retour à l'état sauvage, serait la mort de toute société. Rien de plus faux. Nous reconnaissons que l'association seule, permet à l'homme d'employer l'outillage mécanique que la science et l'industrie mettent à son service, nous reconnaissons que c'est en associant leurs efforts que les individus augmenteront leur bien-être et développeront leur autonomie ; nous sommes donc partisans de l'association ; mais, nous le répétons : Parce que nous la considérons comme moyen de bien-être de l'individu et non sous la forme abstraite par laquelle on nous l'a présentée jusqu'à aujourd'hui et qui en faisait une sorte de divinité dans laquelle doivent s'anéantir ceux qui la composent.

———

Donc, si nous ne voulons pas tomber dans les mêmes fautes et nous heurter aux mêmes obstacles, il faut nous garder de croire que tous les hommes sont fondus dans le même moule, que ce qui peut s'accorder avec le tempérament de l'un peut satisfaire indifféremment aux sentiments de tous. Cela, soit dit en passant, aussi bien au point de vue du groupement dans la période de propagande que par rapport à la société future. Si nous voulons faire une révolution qui réponde à notre idéal, il faut, pour préparer cette révolution, nous organiser selon nos principes, s'habituer à agir individuellement, et bien nous garder d'introduire dans notre organisation les institutions que nous attaquons dans la société actuelle, sinon nous retomberions dans les mêmes désagréments.

Les anarchistes doivent être plus pratiques que ceux qu'ils combattent, ils doivent s'inspirer des fautes commises afin de les éviter. Nous faisons appel à tous ceux qui veulent détruire la société actuelle ; au lieu de perdre notre temps à discuter sur l'utilité et l'efficacité de tel ou tel moyen, groupons-nous pour l'application immédiate de ce moyen sans avoir à nous préoccuper de ceux qui n'en sont pas partisans, de même que les partisans d'un autre moyen se grouperont pour la mise en pratique de cet autre moyen.

Ce que nous voulons avant tout, c'est la destruction de la société actuelle ; il est évident que l'expérience nous guidera sur le choix des moyens. Mais en agissant ainsi nous ferons de la besogne pratique au lieu de perdre notre temps dans des réunions, le plus souvent stériles, où chacun veut faire prévaloir son idée, où, bien souvent, l'on se sépare sans avoir rien décidé, ce qui a, presque toujours, pour résultat de créer autant de fractions dissidentes qu'il y a d'idées en présence, — fractions qui, devenues ennemies, perdent de vue l'ennemi commun : la société bourgeoise pour se faire la guerre les unes aux autres.

Les individus, se groupant selon leurs idées, s'habitueraient à penser et à agir d'eux-mêmes, sans autorité parmi eux, sans cette discipline qui consiste à annihiler les efforts d'un groupe ou d'individus isolés, parce que les autres sont d'un avis différent. Il en ressortirait cet avantage encore, qu'une révolution faite sur cette base ne pourrait être qu'anarchiste, car les individus ayant appris à se mouvoir sans contrainte aucune n'auraient pas la sottise d'aller se donner des chefs au lendemain de la victoire.

———

Pour certains socialistes, l'idéal serait de grouper les travailleurs en un parti tel qu'il existe (1) en Allemagne. Les chefs de ce parti, au jour de la révolution, seraient portés au pouvoir, formeraient ainsi un nouveau gouvernement qui décréterait la prise de possession de l'outillage et de la propriété, orga-

———

(1) Depuis la première édition de cet opuscule, l'autorité a fait son œuvre dans les groupements allemands : son intolérance a amené la division et la création de groupes nouveaux qui, s'ils sont logiques, viendront à l'anarchie.

niserait la production, règlementerait la consommation et supprimerait, cela va sans dire, ceux qui ne
seraient pas de son avis. Nous, anarchistes, nous
croyons que c'est un rêve ; des décrets de prise de
possession, arrivant après la lutte, seraient illu-
soires ; ce n'est pas par des décrets que pourra s'accomplir la prise de possession du capital, mais bien
par des faits, au moment de la lutte, par les travailleurs eux-mêmes qui s'empareront des maisons et
des ateliers en chassant les possesseurs actuels. Nous
ferons cause commune avec les déshérités en leur
expliquant que tout ce qui a un caractère commun
n'appartient à personne individuellement ; ne peut
pas être une propriété qui pourra être transmissi-
ble à volonté ; mais que les maisons, les logements,
étant l'œuvre des générations passées, l'héritage des
générations présentes et futures, doivent être à la
libre disposition de qui en a besoin dès qu'ils sont
inoccupés. Que l'outillage étant mis à la libre disposition des producteurs qui voudront le mettre en
œuvre ne peut devenir une propriété individuelle.

Les individus pourront d'autant moins s'en emparer personnellement, qu'ils ne sauraient que faire
d'un outillage qu'ils ne pourraient faire mettre en œuvre par des salariés. Chacun ne pourra s'emparer que
de ce qu'il pourra mettre en œuvre lui-même ; mais
comme la plus grande partie de l'outillage actuel ne
peut fonctionner qu'à l'aide de l'association des
forces individuelles, ce sera là le terrain qui permettra aux individus de s'entendre. Une fois cette
prise de possession accomplie, nous ne voyons pas
la nécessité de la faire sanctionner par une autorité
quelconque.

On ne saurait prévoir toutes les conséquences
de la lutte qui s'engage. Savons-nous d'abord combien de temps elle durera ? Quelles seront les conséquences d'un tel bouleversement ? Quels besoins
se feront jour au lendemain de la révolution. Certainement non.

Nous ne pouvons donc nous représenter d'avance le le fonctionnement de la société future, comme on peut régler tous les rouages d'une de ces boîtes à musique qui marchent dès que le mécanisme est remonté. Tout ce que nous pourrions imaginer, au point de vue théorique de l'organisation, ne sera jamais qu'un rêve plus ou moins compliqué, mais qui manquera toujours de base lorsqu'il s'agira de les mettre en pratique. Nous ne pouvons avoir cette prétention ridicule, mais nous devons nous garder aussi de cet autre défaut, commun à beaucoup de révolutionnaires qui disent : occupons-nous d'abord de détruire et nous verrons après ce que nous aurons à faire. Entre ces deux idées, il y a une lacune ; nous ne pouvons certainement pas dire ce qui sera, mais nous devons dire ce qui ne se fera pas, ou, du moins, ce qu'il faut empêcher de se faire.

Nous ne savons quel sera le mode d'organisation des groupes producteurs et consommateurs, eux seuls devant en être juges ; la même manière de faire ne pouvant, d'ailleurs, convenir à tous. Mais nous pouvons très bien dire, par exemple, comment nous ferions personnellement si nous étions dans une société où tous les individus auront la faculté de se mouvoir librement ; comment il faut s'y prendre, la révolution n'étant que le complément de l'évolution. Nous pouvons dire comment une société pourrait évoluer, sans avoir besoin de ces fameuses « commissions de statistique » de ces bons de travail, etc., etc., dont les collectivistes veulent nous gratifier ; et nous croyons qu'il est nécessaire de le dire, car d'abord, il est dans la nature des individus de ne pas vouloir s'engager sans savoir où ils vont, et puis, comme nous l'avons déjà dit, c'est le but que nous nous proposons d'atteindre qui doit nous guider dans l'emploi des moyens de propagande.

II

La mesure de la valeur et les commissions
de statistique

Un autre préjugé qui fait objecter l'impossibilité de l'établissement d'une société communiste, c'est de croire que l'on devra continuer à évaluer les efforts des individus et ne leur donner de jouissances que selon ce qu'ils auront produit. De là, disent certains socialistes, la nécessité de la création d'une valeur d'échanges et de commissions de statistique chargées de faire la répartition des produits.

Ce que c'est que la force du préjugé ! On a compris toute la fausseté du mercantilisme actuel, on a compris qu'il fallait abolir la concurrence individuelle en détruisant l'argent, valeur d'échange qui permet aux capitalistes de tromper le travailleur en obtenant en échange de leur argent une force de travail supérieure à celle qu'ils lui paient. On a compris qu'il fallait détruire tout cela, et la plupart de ceux qui l'ont compris ne trouvent rien de mieux que de remplacer l'argent, valeur d'échange, par une autre valeur d'échange !

Qu'est-ce qu'il y aura de changé ? Qu'importe que la valeur d'échange soit d'un métal plus ou moins précieux ! Là n'est pas le danger ; le danger est que si l'on fait *échange de produits* dans cette société, alors chacun aura intérêt à faire estimer les siens au-dessus de tous les autres, et nous verrons alors se reproduire tous les inconvénients de la société actuelle. Il faudrait, pour éviter cela, que l'on trouvât une base qui permette d'établir la valeur d'échange sans discussion aucune, une base qui permette d'évaluer la vraie valeur de chaque produit. Justement cette base manque, et c'est ce que nous allons tâcher de démontrer.

La plupart des « socialistes autoritaires » ont adopté, faute de mieux, cette mesure de la valeur: l'heure de travail ! Seulement, comme il y a des travaux qui demandent une dépense de forces bien plus considérable que d'autres, nous leur demanderons comment ils feront pour arriver à mettre tout le monde d'accord ; car, chacun aura intérêt à faire estimer davantage son heure de travail ou dépense de forces, et plusieurs sont allés jusqu'à reconnaître que certains travaux doivent être payés plus que certains autres. Nous leur demanderons encore, quel sera le dynamomètre qui leur permettra de mesurer constamment et de comparer la dépense de force de l'homme, force musculaire ou cérébrale, force matérielle, intelligence ou adresse ; sur quelles bases établiront-ils cette valeur d'échange, pour donner à chacun, comme ils disent, le produit intégral de son travail et, surtout, qui est-ce qui déterminera cette valeur d'échange ?

Cette valeur d'échange est impossible à constituer, elle ne pourra donc s'établir qu'à l'amiable, entre tous les travailleurs, à moins pourtant qu'elle ne soit imposée par les commissions de statistique? Mais, comme beaucoup de collectivistes nient que les commissions de statistique soient des gouvernements, nous pensons donc que cette valeur d'échange se sera établie d'un commun accord entre les travailleurs. Alors il faudra donc que ces travailleurs, pour faire abandon ainsi de leurs justes prétentions, aient acquis cette abnégation, qu'on leur refuse dans une société anarchiste ?

D'autre part, en créant ces bons de travail, comment empêchera-t-on l'accumulation ? A cela on a répondu que l'accumulation ne pouvant porter que sur des objets de consommation, la propriété, le sol et l'outillage étant inaliénables, les dangers de cette accumulation ne pourraient être bien grands ; certes, au point de vue de la reconstitution de la propriété individuelle, cette accumulation ne saurait être dangereuse, mais elle pourrait tout simplement détraquer toute l'organisation. Nous allons expliquer comment :

Supposons ces individus mal intentionnés — que l'on prétend très gratuitement, abonder dans une société anarchiste — nous supposons ces individus pouvant produire plus qu'ils n'auront de besoins et par là, arrivant à accumuler ; il s'en suivrait, d'un côté, qu'ils priveraient le marché de demandes de produits, pendant qu'ils l'encombreraient de l'autre et arriveraient ainsi, non seulement à bouleverser tous les calculs des commissions de statistique, mais encore à empêcher d'autres individus qui auraient plus de besoins qu'eux à produire en raison de leurs besoins. On a répondu que l'on préviendrait cette accumulation en annulant les bons de travail à certaines époques. Mais à cette échéance, qu'est-ce qui empêchera de les échanger contre de nouveaux bons ? car on ne pourra pas forcer les individus à consommer sur le champ, à moins, pourtant d'insérer, dans le programme, la consommation obligatoire. — En admettant que l'on puisse encore éviter cela, il n'y en aura pas moins des gens qui pourront produire plus qu'ils ne consommeront, tandis qu'il y en aura d'autres qui auront besoin de consommer plus qu'ils ne pourront produire. Or, comme chaque bon de travail (1) devra être représenté en magasin par son équivalent en produits, il se produira cette anomalie dans une société soi-disant égalitaire, que des individus, faute de besoins, ayant laissé périmer leurs bons, il resterait des produits en magasin tandis qu'il y aurait d'autres individus qui ne pourraient satisfaire leurs besoins faute de pouvoir pro-

---

(1) Ici nous supposons toujours que l'on soit arrivé à constituer la valeur d'échange.

duire suffisamment ; et alors on arriverait à cette alternative : ou bien forcer les individus à consommer, ou bien les forcer à céder leurs bons (alors pourquoi pas rétablir l'assistance publique). Mais comme, d'après les « collectivistes », ces commissions de statistique ne sont pas une autorité, ils ne leur restera donc d'autre ressource que de restreindre la production, — par conséquent : chômage. Qu'est-ce qu'il y aura de changé avec la société d'aujourd'hui ?

C'est ici que, malgré toutes les dénégations, nous voyons poindre le rôle de ces fameuses commissions de statistique qui règlementeraient les heures de travail en indiquant à chacun ce qu'il devrait produire ; c'est-à-dire, que dans cette société, l'individu se trouverait arrêté dans tous ses actes ; à chaque mouvement il se casserait le nez contre une loi prohibitive. Cela peut être du « collectivisme », mais à coup sûr ce n'est pas de la liberté, et de l'égalité encore bien moins.

Mais en dehors de tous ces inconvénients, il y en a encore un autre plus dangereux que tout le reste ; c'est qu'en instituant ces commissions qui ne seraient autre chose qu'un gouvernement, sous une dénomination différente, nous n'aurions, tout bonnement fait une révolution que pour activer la concentration de la richesse qui s'opère, aujourd'hui, dans les hautes sphères capitalistes et arriver, en fin de compte, à mettre entre les mains de quelques-uns l'outillage et la propriété sociale ; à augmenter cette bureaucratie qui nous épuise et nous tue actuellement.

Aujourd'hui que l'État ne possède qu'une minime partie de la fortune publique, il a su créer autour de lui une foule d'intérêts particuliers qui sont autant d'obstacles à notre émancipation. Que serait-ce donc d'un État, patron et propriétaire à la fois ? D'un État omnipotent, disposant à son gré de toute la fortune sociale et la répartissant au mieux de ses intérêts ;

d'un Etat, enfin, qui serait maître non seulement de la génération présente, mais encore des générations futures, en prenant à sa charge l'éducation des enfants, et pourrait, à volonté, lancer l'humanité dans la voie du progrès par une éducation large et sans bornes, ou bien en arrêter le développement par une éducation étroite? On recule effrayé devant une pareille autorité disposant de si puissants moyens d'action.

Nous nous plaignons que la société actuelle nous arrête dans notre marche en avant ; nous nous plaignons qu'elle comprime nos aspirations sous le joug de son autorité. Que serait-ce donc dans une société où rien ne pourrait se produire s'il n'était estampillé par l'Etat, représenté par les commissions dites de statistique?

Dans une société pareille où rien ne pourrait se produire sans le contrôle de l'Etat, aucune idée nouvelle ne pourrait voir le jour si elle ne parvenait à se faire reconnaître d'utilité publique; or, comme toute idée nouvelle est forcée de lutter contre les idées qui avaient cours avant elle, ce serait l'étouffement et l'écrasement complet, avant qu'elle puisse se faire jour. Ainsi, pour ne prendre qu'un exemple : l'imprimerie qui, jusqu'à ce jour, a été un des puissants moyens de progrès en permettant de vulgariser les connaissances humaines, l'imprimerie serait fermée aux idées nouvelles, car, quel que soit le désintéressement de ceux qui composeront le gouvernement socialiste — quels qu'ils soient — on nous permettra de douter qu'ils poussent l'abnégation jusqu'à laisser imprimer quoi que ce soit attaquant leur autorité, surtout quand ils n'auront plus qu'un simple refus à opposer et qu'ils pourront alléguer en leur faveur que toutes les forces productives étant absorbées par les demandes de la consommation, il ne leur est pas loisible de s'occuper de ce qui ne rentre pas dans les besoins immédiats de la société.

III

La Dictature de classe

On a répliqué, il est vrai, que les commissions de statistique ne seraient pas une autorité ; elles *détermineront* la production, *répartiront* les produits, elles *établiront* ceci, *organiseront* cela, mais ça ne serait pas un pouvoir. Alors pourquoi les établir ? Si les groupes sont libres de les envoyer promener quand ça les embêtera où est leur utilité ? N'est-il pas plus simple de laisser les groupes s'organiser librement, régler leur production et leur consommation comme ils l'entendront ? Mais quelles que soient les dénégations des partisans de l'autorité déguisée, elles ne nous empêcheront pas de les enfermer dans ce dilemme : ou bien les groupes et individus seront libres d'accepter ou de rejeter les décisions de ces commissions, ou bien ces décisions auront force de loi ? alors on sera forcé de créer une police, une armée pour les faire accepter par les récalcitrants ? donc ce sera une autorité avec toutes ses attributions !

Pour prouver que c'est bien un gouvernement que l'on veut établir ; nous prendrons la liberté de demander ce qu'on entend par dictature de classe. Ne serait-ce pas là un de ces mots pompeux, bien sonores, bien ronflants et tout à fait vides de sens, ne signifiant absolument rien ; mots creux que l'on jette de temps à autre en pâture à la foule pour éviter de lui donner d'autres explications ? — Nous demandons donc, ce que c'est qu'une dictature de classe ?

On nous répond : ce serait la dictature des travailleurs contre la bourgeoisie ! très bien, mais comment exercera-t-on cette dictature de classe, surtout au lendemain d'une révolution qui aura dû avoir pour effet de faire disparaître toute les inégalités sociales?

___

Nous avons beau creuser ce problème, nous ne pouvons en tirer qu'une conclusion : on veut organiser le prolétariat en une masse aveugle et inconsciente, recevant le mot d'ordre de certaines têtes de colonnes, l'habituer à n'agir que d'après l'impulsion donnée, sans permettre la moindre initiative personnelle pour en arriver à l'établissement d'un système d'organisation que personne n'aura à discuter et que l'on imposera à tous au lendemain de la révolution.

Nous avouons qu'avec ce système on pourrait se passer de gouvernement officiel ayant une armée pour se faire obéir, car on aurait en main les forces même de la Révolution, habituées à exécuter les ordres leur venant d'en haut : et, au lieu d'avoir une dictature avouée à un hôtel de ville quelconque, nous en aurions une insaisissable, toujours renaissante dans nos rangs. Nous combattrons de toutes nos forces une pareille dictature qui serait plus terrible que toutes les autres dans ses conséquences ; car le peuple, croyant défendre ses propres intérêts, ne ferait qu'exécuter les ordres de ses nouveaux maîtres.

De plus, comme ces individus que l'on aurait arrachés à l'atelier, (1), ne pouvant plus produire, forcés qu'ils seraient de donner tout leur temps à l'exercice de cette dictature, ils deviendraient, par ce fait même, des bourgeois. La première chose qu'ils auraient donc à faire pour être d'accord avec leurs principes, serait de se supprimer eux-mêmes.

Mais, dira-t-on, puisqu'ils exerceront le pouvoir par la volonté de leurs camarades, ce ne serait plus la même chose, leur production, pour n'être pas matérielle, n'en serait pas moins effective, puisqu'ils contribueront à la marche de la société. Ce sont

___

1. Nous supposons que ce soient des ouvriers que l'on aura pris pour « dictaturer ».

de misérables arguties. A quoi nous servirait de
jeter une aristocratie par dessus bord, si nous en
élevions une autre à sa place? En serions-nous plus
avancés? Ah! ce qui pèse aujourd'hui si lourdement
sur nos épaules, ce n'est pas le nombre des patrons
ou propriétaires. Si la misère étreint aujourd'hui le
travailleur, ce n'est pas tant parce que la propriété
appartient seulement à quelques individus, mais
c'est surtout parce que ces quelques individus ont
besoin de tout un système d'organisation qui entraîne avec lui la création d'une foule d'emplois inutiles et que les travailleurs sont forcés de produire
pour tout cela. Il n'en serait ni plus ni moins dans
la société, où (sous des noms différents, il est vrai)
nous retrouverions tous les défauts de l'organisation
actuelle.

————

Une dernière objection à cette dictature de classe.
Si le peuple fait une révolution sociale pour s'emparer de la propriété, est-ce que les classes ne seront
pas, par le fait, abolies? Il restera, dit-on, des bourgeois qui, mécontents de la situation qui leur aura
été faite, pourraient être un danger, c'est à eux que
l'on fera la guerre. Très bien, mais *alors vous ferez
la guerre aux individus mécontents de la situation par
vous créée?* vous établirez un pouvoir pour faire la
guerre à ceux qui voudraient ramener la société en
arrière; mais, une fois ce pouvoir établi, qui est-ce
qui l'empêchera de la faire à ceux qui voudraient
marcher en avant? Non, non, cette dictature est
trop élastique, nous n'en voulons pas. Pour nous,
partisans de la liberté *vraie*, nous considérons que
le mauvais vouloir de quelques individus isolés dans
la société ne peut être un danger pour personne dès
qu'ils sont privés de tout ce qui fait leur force aujourd'hui : capital et gouvernement, — tandis qu'un
pouvoir à la tête de cette société serait un danger
pour tous.

Et puis, sérieusement, croit-on qu'une transformation sociale, devant arracher la propriété des mains de la minorité, puisse s'établir sans avoir à passer par les tâtonnements que l'on prévoit pour le communisme? Assurément non, car pendant que celui-ci irait en tâtonnant, il est vrai, mais du moins librement, en laissant à chaque caractère, à chaque tempérament, le soin de son organisation propre, une organisation centralisée, avec sa prétention d'établir un système unique, irait, heurtant de front la susceptibilité des uns, les espérances des autres, créerait immédiatement des satisfaits et des intérêts nouveaux autour d'elle, et ne laisserait aux mécontents d'autre porte de sortie qu'une révolution nouvelle. Au contraire, en laissant les groupes libres de leur organisation, tel groupe qui ne se trouverait plus en rapport avec les développements de la société pourrait se réorganiser sur de nouvelles bases; ou bien les individus qui en feraient partie, si ce groupe ne répondait plus à leurs aspirations, pourraient le quitter pour en former de nouveaux, ou bien entrer dans un autre qui répondrait mieux à leurs besoins, et cela sans amener de perturbation dans la société, car ces changements auraient lieu partiellement et par degrés. Alors la marche de l'humanité ne nous présenterait plus qu'une évolution continuelle qui nous conduirait au but que nous cherchons : le bonheur commun.

On voit par ce qui précède que, loin de vouloir faire sauter à tout moment et hors propos ceux qui ne seraient pas de notre avis, nous ne demandons, au contraire, que le droit ou plutôt les *moyens* d'exercer ce droit naturel inhérent à la nature humaine, de pouvoir nous organiser comme nous l'entendons, libre à ceux qui ne penseraient pas comme nous de s'organiser comme ils l'entendent eux-mêmes. Ce que nous voulons, en un mot, c'est reprendre notre place au soleil, et si nous voulons la Révolution, c'est parce que la bourgeoisie se sert du pouvoir dont elle s'est emparée et de la situation économique qu'elle s'est faite pour nous asservir, et qu'elle ne nous a laissé d'autre alternative que de subir lâchement cette exploitation ou de lui passer sur le ventre. Mais si nous voulons déposséder la bourgeoisie de cette propriété qu'elle détient, ce n'est pas pour nous l'approprier et l'exploiter à notre tour, comme l'a fait la bourgeoisie en s'emparant, en 89, des biens du clergé et de la noblesse. Nous voulons l'en déposséder pour la remettre à la disposition de tous, afin que *tous, sans exception,* y puisent leur part de jouissance; et si, pour accomplir cette transformation, nous avons recours à la force, loin de faire acte d'autorité, comme cela a été bêtement dit, nous faisons acte de liberté en brisant les chaînes qui nous entravent.

Un autre argument en faveur de l'autonomie des groupes et des individus dans une société vraiment basée sur la solidarisation des efforts et des intérêts de tous, c'est que l'idée sociale progresse sans cesse, tandis que l'individu, au contraire, arrivé à une période où s'arrête le développement de son cerveau, s'ankylose intellectuellement et considère comme folles les idées neuves professées par de plus jeunes que lui. Est-ce que les idées de 48 ne nous paraissent pas, aujourd'hui, plus ou moins anodines, et les quelques survivants de cette époque qui passaient jadis pour des exaltés, dans quel camp les trouve-t-on aujourd'hui? Sans remonter aussi haut, se battrait-on aujourd'hui pour les idées de 71? Qu'avons-nous vu au retour des amnistiés, qui, par le fait de la déportation, se sont trouvés séparés du courant intellectuel? Ils sont revenus, pour la plupart, à peine à la hauteur des radicaux. Non, tant que l'on voudra établir un mode unique d'organisation, on créera par là une barrière contre l'avenir, barrière qui ne pourrait disparaître que par le fait d'une révolution de la génération suivante.

IV

Les services publics

Pour préconiser un système de répartition dans la société future, on s'est basé sur cet argument, que la production pourrait ne pas être assez grande au lendemain de la révolution pour pouvoir répondre aux besoins d'une consommation illimitée. Nous croyons que c'est là une erreur. Aujourd'hui, quand le gaspillage est à son comble, et que par des calculs ignobles de spéculateurs éhontés, des terrains sont sans culture, la production dépasse déjà tellement la consommation que les chômages deviennent de plus en plus fréquents.

Dans une société où tous les bras seraient rendus productifs, où tout ce qui constitue l'armée, la bureaucratie, ainsi que cette foule innombrable de domestiques, n'ayant d'autre travail aujourd'hui que de satisfaire aux caprices de nos exploiteurs, où tout enfin ce qui consomme aujourd'hui sans apporter aucun travail réel à la société serait rendu au travail productif, surtout lorsqu'on rendra à l'agriculture tous ces terrains laissés en friche par des propriétaires repus, tous ces terrains, plus grands encore, abandonnés parce que le rendement ne serait pas en rapport avec la dépense nécessaire pour les mettre en état de produire au propriétaire un intérêt d'usurier, mais qui, dans la société future, ne coûteraient qu'un peu d'efforts pour être mis en culture, puisque le matériel indispensable serait mis entre les mains des travailleurs ; lorsqu'on lancerait les machines à vapeur pour fouiller la terre sans relâche et lui arracher ses sucs nourriciers qu'on lui rendra sous forme d'engrais que la chimie est à même de produire aujourd'hui, nous pouvons donc,

sans trop préjuger de l'avenir penser et même affirmer que la production pourra répondre largement
aux besoins de la consommation.

On a insisté, surtout, sur le fait qu'il y a des produits tels que la soie, par exemple, et autres du
même genre qui ne pourraient être créés du jour au
lendemain, de manière à pouvoir satisfaire toutes
les demandes. C'est, il nous semble, se faire une
étrange idée de la révolution de se figurer que les
travailleurs, arrivés au point d'avoir compris d'où
venait leur misère, d'en avoir étudié les causes et
assez intelligents pour avoir su y apporter le remède,
— c'est s'en faire une étrange idée, disons-nous,
de penser qu'ils pourraient être assez stupides pour
s'entre déchirer les uns les autres, s'il n'y avait pas
une autorité pour leur partager un morceau de
soie, un panier de truffes, ou tout autre objet dont
la recherche n'est souvent occasionnée que par sa
rareté. C'est si stupide que nous ne voulons même
pas répondre à cette objection; nous préférons penser pour l'humanité que les travailleurs, étant arrivés à la satisfaction des premiers besoins, matériels
et intellectuels, pour lesquels ils se seront battus, seront assez intelligents pour s'arranger à l'amiable
quant à la répartition des produits qui ne pourraient être mis à la disposition de tous; au besoin,
les plus intelligents sauront faire abandon de leur
part à ceux qui le seraient moins pour attendre pa-
tiemment leur tour.

Nous dirons donc en passant que cette dénomination de « services publics » n'a été inventée que
dans un but de tactique. On incorpore sous cette
dénomination tous les services, tels que postes, télé-
graphes, transports, etc., qui ne produisent aucun
travail palpable, se résumant en un produit quelconque pouvant être déposé au magasin, en sorte
que l'on part de là pour affirmer qu'il faut prélever
le salaire de ceux qui font ces services sur le produit

des autres corporations (ce qui serait rétablir l'impôt sous un nouveau nom).

En faisant cette distinction, on espérait évidemment faire passer les commissions de statistique et tous les emplois qu'on voudrait pouvoir créer dans la société nouvelle, et confondre ces emplois parasitaires avec ceux que nous venons de nommer, dont l'activité, tout en ne se portant pas sur la création d'objets de consommation, n'en constitue pas moins une des forces nécessaires à la société.

Mais la ficelle était trop grosse. Est-ce que tout ce qui a trait au bien-être ou à la marche de la société n'est pas, par le fait, service public, et, que l'on soit employé à produire du grain ou n'importe quel autre produit, ou que l'on soit employé à les transporter où le besoin s'en fait sentir, ne rend-on pas un service égal à la société, tandis que les commissions, sinécures ou emplois que l'on veut créer, pourraient bien constituer un service dans la société, mais un de ces mauvais services dont il faudrait se débarrasser au plus tôt.

———

On a parlé encore que, pour les travaux d'utilité générale, pouvant embrasser une ou plusieurs régions, il faudrait bien nommer des délégués chargés de s'entendre, ne fût-ce que temporairement et en vue du seul objet pour lequel ils seraient nommés. C'est encore une erreur.

En effet, comme nous avons essayé de le démontrer dans tout ce qui précède, les intérêts particuliers seraient fondus dans l'intérêt général : donc, les rapports entre les groupes ne porteraient plus que sur des points généraux que chacun pourra bien envisager à son point de vue, mais qui, en définitive, tendraient tous au même but. De plus, toutes ces distinctions de village, commune, patrie, etc., selon nous sont appelées à disparaître, ou du moins à ne plus être que des expressions géographiques.

Si nous prenons, par exemple, la création d'une

route, d'un canal ou d'une ligne de chemin de fer, nous ne voyons nullement le besoin d'envoi de délégations pour l'organisation de ces travaux. Nous supposons que l'idée de ce travail surgisse spontanément dans le cerveau d'un seul individu. Le premier travail qu'il aura à faire sera de propager son idée autour de lui, de chercher ceux qui voudront l'accepter et l'aider dans son entreprise, trouver des ingénieurs (s'il ne l'était lui-même) pour lever les plans, étudier les endroits où devrait passer ce canal, cette route ou ce chemin de fer, réunir les terrassiers ou autres ouvriers nécessaires à l'entreprise; puis, lorsqu'il aurait groupé le noyau nécessaire, que l'on aurait discuté, pesé, mûri tous les plans, que l'on en aurait discuté tous les détails, que l'on se serait réparti le travail, on se mettrait à l'œuvre, et le travail se ferait, comme on le voit, sans autorité ni délégation aucune, par la seule initiative des individus.

On voit aujourd'hui se monter des sociétés de toutes sortes : chemins de fer, canaux, ponts, commerce, industrie, tout est la proie de fortes sociétés qui se montent en vue d'exploiter telle ou telle spécialité de l'industrie humaine. Si nous allons encore plus bas, nous voyons des petites associations se former en vue de procurer un avantage matériel à leurs participants, ou la satisfaction d'un plaisir quelconque. Tels sont les cercles, les sociétés de consommation, les sociétés chorales et instrumentales, jusqu'à des sociétés qui s'organisent soit en vue de pérégrinations scientifiques ou de simples promenades. Or, tout informes et incomplètes qu'elles soient, ces associations répondent, en partie, aux desiderata de leurs membres. Que serait-ce donc dans la société future où l'initiative individuelle aurait ses franches coudées et ne serait plus entravée par la question « monnaie » ; où les affinités pourraient librement se rechercher et les caractères franchement s'harmo-

niser. Rien n'empêcherait les individus de se grouper par goûts, par aptitudes, par tempéraments,
en vue de produire ou de consommer telle ou telle
chose. Les postes, les chemins de fer, l'éducation
des enfants, etc., tout cela rentrerait dans l'organisation sociale au même titre que les chaudrons ou
les souliers. C'est une *division de travail* qui aurait à
s'établir dans cet ordre d'idées, comme dans le reste,
et voilà tout. Comme personne ne serait entravé par
les difficultés matérielles, par les questions d'économie, chacun s'habituerait à aller au groupe qui répondrait le mieux à ses vues ; de sorte que le groupe
qui rendrait le plus de services aurait le plus de
chance de se développer. Comme l'homme est un
être complexe agité de mille sentiments divers,
se mouvant sous l'impulsion de besoins variés, nombreux seraient les groupements qui se formeraient :
et c'est leur diversité qui contribuerait à assurer
le bon fonctionnement de tous les services nécessaires au bien-être de l'individu, et qui nous conduirait à ce but que nous cherchons : l'HARMONIE.

Et que l'on ne vienne pas crier ici à l'utopie, à
l'invraisemblance, et prendre pour exemple les associations actuelles ! Que l'on n'oublie pas que la
situation ne serait plus la même.

Toutes les associations sont autoritaires et indivi-
dualistes aujourd'hui ; si l'association est nombreu-
se, il y a parmi les associés, des distinctions d'emplois ou de salaire, bien souvent les deux à la fois.
Eh bien, malgré toutes ces causes de désunion,
l'accord se maintient généralement assez longtemps ;
la zizanie ne s'y met que lorsqu'un des associés,
plus roublard que les autres, se met à monter le
coup à ses camarades ou essaie de profiter de la
situation qu'il a dans l'association pour dominer.
Alors la méfiance commence à se glisser parmi
eux, puis commencent les querelles, et en fin de
compte vient la désunion complète.

Mais que l'on songe que dans la société que nous

entendons il n'y aurait de bénéfices particuliers à retirer d'aucune entreprise ; que tous les individus y seraient sur le pied de la plus parfaite égalité et libres de se retirer quand ils voudraient, n'y ayant pas de fonds engagés ; que la situation économique serait la même pour tous, et — nous le répétons encore une fois — que l'on n'oublie pas surtout que pour établir une société pareille, ils auront été assez intelligents pour briser la société actuelle qui les entrave.

V

Des fainéants

Il y a une autre objection à laquelle il serait inutile de répondre, si elle ne nous était posée par beaucoup de nos camarades d'atelier. : « Si, dans votre société, chacun peut consommer sans être forcé de produire, personne ne voudra travailler, ou du moins il y aura un grand nombre de fainéants que les travailleurs devront nourrir. »

A cette objection, nous répondrons encore que l'on se place trop au point de vue de la Société actuelle et qu'on ne se fait pas une idée juste de ce que devra être la Société transformée. Aujourd'hui, lorsque l'ouvrier est courbé sous un travail éreintant, bien souvent répugnant, des douze ou treize heures par jour, le plus souvent dans des conditions plus ou moins malsaines, et cela pour un salaire dérisoire qui lui permet à peine de ne pas crever de faim — certainement, il ne peut être que dégoûté du travail. Mais lorsque dans la société future, on aura rendu, comme nous l'avons dit plus haut, au travail productif cette foule de salariés qui aujourd'hui n'existent que pour faire fonctionner l'organisation gouvernementale qui nous écrase dans ses engrenages multiples, ou bien dont le travail ne consiste qu'à apporter une plus grande somme de jouissances à nos exploiteurs actuels. D'autre part, lorsqu'une meilleure distribution du travail aura diminué la main-d'œuvre, et par une plus grande extension de l'outillage mécanique, on aura augmenté la production, tout en réduisant de beaucoup les heures de travail nécessaires à la satisfaction des besoins matériels; lorsqu'on aura assaini les ateliers en les transportant dans des bâtiments qui existent déjà aujourd'hui et peuvent être facilement transformé

selon les besoins des groupes producteurs; lorsque
enfin dans les travaux pénibles on aura substitué le
travail des machines au travail de l'homme et que,
par toutes ces améliorations *immédiates*, on aura
transformé le travail en un exercice salutaire,
nous ne croyons pas qu'il y aura tant de fainéants
qu'on veut le dire. L'homme a en lui une sorte
d'activité qu'il faut qu'il dépense d'une manière ou
d'une autre; et du moment que la plus grande partie
de son temps lui restera pour ses loisirs ou les autres
occupations qu'il voudra entreprendre, nous ne
voyons pas l'intérêt qu'il aurait à se refuser au travail, surtout l'orsqu'il ne doit compter que sur lui-
même pour la satisfaction de ses besoins.

Mais nous admettons volontiers, — et certainement cela se produira au début, — qu'il y ait des
natures assez corrompues par la société actuelle pour
finir le travail. Dans tous les cas, ce ne pourrait
être qu'une infime minorité. Aujourd'hui même,
lorsque le ventre creux nous courbons l'échine pour
engraisser un tas de parasites de tous poils et de
toutes robes, beaucoup de travailleurs trouvent cela
très naturel : mais, dans une société où nous serons
assurés de la satisfaction de tous nos besoins, où le
travail sera de beaucoup adouci, irons-nous, de
gaieté de cœur, nous donner des maîtres, sous le
prétexte qu'il pourrait se trouver des natures démo-
ralisées par la société actuelle, se refusant au travail?
Allons donc! est-ce que nous n'aurons pas encore
plus de bénéfice à les laisser faire que de créer une
organisation qui ne pourrait les contraindre davantage? S'ils devenaient un danger, nous aurions le
droit de légitime défense, mais pas de lois et d'institutions préventives, rappelons-nous la fable du bon-
homme Lafontaine : le jardinier allant trouver son
seigneur pour le délivrer du lapin qui mange ses
choux.

Du reste, ces hommes livrés à eux-mêmes dans une
société où la règle, la base de la vie, serait le travail

(tandis que dans la société d'aujourd'hui, c'est le contraire), auraient bientôt honte de leur situation et viendraient d'eux-mêmes, après un temps plus ou moins long, se mettre au travail. Ils viendront implorer du travail pour ne pas mourir d'ennui, tandis qu'en voulant les contraindre, vous les mettez en guerre ouverte avec la société; alors, ils chercheront à se procurer par la ruse ou par la force (le vol et l'assassinat de la société actuelle) ce que vous leur refuserez de bonne volonté; il faudra donc créer une police pour les empêcher de prendre ce que vous leur refuserez, des juges pour les condamner, des geôliers pour les garder, enfin, petit à petit, reconstituer la société actuelle; c'est-à-dire que, pour ne pas nourrir un certain nombre de fainéants qui, abandonnés à eux-mêmes, auraient bientôt honte de leur situation, on créerait une nouvelle catégorie de fainéants, avec cette sérieuse aggravation que la condition de ceux-ci dans la société serait légale, d'éterniser ait une situation fâcheuse; nous aurions ainsi deux sortes de fainéants à nourrir : ceux qui vivraient aux dépens de la société malgré elle, et ceux qu'elle aurait créés elle-même, sans compter que cette autorité que l'on aurait créée pourrait, à un moment donné, se tourner contre ceux qui l'auraient établie.

Les partisans de l'autorité objectent : les hommes sont trop corrompus par l'éducation actuelle et l'hérédité de plusieurs milliers de siècles de préjugés de toutes sortes; ils ne seront pas assez sages ni assez améliorés, au lendemain de la révolution, pour qu'on puisse les laisser libres de s'organiser eux-mêmes.

Les hommes ne seront pas assez sages pour se conduire « le raisonnement est admirable d'illogisme » : et, pour parer à ce danger, on ne trouve rien de mieux que de mettre à la tête de ces hommes, qui ? d'autres hommes ! qui seront intelligents, peut-être, mais qui n'en auront pas moins leur part de ces préjugés et de ces vices que l'on repro-

che à la masse ; c'est-à-dire qu'au lieu de noyer ces
préjugés et ces vices dans la masse, au lieu de chercher à tirer, du concours de tous, cette étincelle qui
pourrait éclairer la route de l'avenir, on veut
incarner la société entière en la personne de quelques
individus qui guideraient cette société selon le plus
ou moins d'étroitesse de leurs idées, car quelle que soit
la largeur de conception du cerveau de l'homme, il
y a toujours quelques cellules réfractaires qui le
maintiendront, malgré lui, dans les sentiers rabo-
teux de la routine.

Et puis d'ailleurs, qui est-ce qui choisira ces chefs?

Nous ne supposons pas qu'ils se choisiront eux-
mêmes ? alors, ce sera le peuple ? Mais on objecte
qu'il ne serait pas assez sage pour se conduire, par
quel miracle le sera-t-il assez pour pouvoir discerner
entre tous les intrigants qui brigueront ses suffrages.

Ah ! prenez garde que quand vous venez nous parler de progrès et de liberté, nous pensions que la
seule manière dont vous envisagez d'en suivre la
marche ce serait de lui couper les jambes, sous prétexte que vous n'êtes pas assez dégagés pour le suivre ; que la seule liberté que vous vouliez conquérir,
ce serait celle de vous débarrasser de ceux qui ne
pensent pas comme vous, de ceux qui croient qu'il
n'y a pas d'hommes supérieurs résumant en eux les
connaissances, humaines, que ces connaissances,
au contraire, sont répandues dans toute l'humanité ; de ceux qui croient que ce n'est qu'en laissant libres toutes les intelligences de se rechercher
et de se grouper, que jaillira la lumière ; de ceux
qui croient enfin que ce n'est qu'en voyant un
groupe mieux organisé à côté de lui, qu'un groupe
mal organisé se transformera pour tâcher de faire
mieux et que du choc continuel des idées, que de ce
mouvement continuel et de cette transformation incessante, sortira enfin cette communion d'idées dont
personne n'a encore découvert le secret et que l'on
tenterait vainement d'établir par la force.

VI

De la période d'éducation

Ici se présente un argument que nous font certains socialistes, mais qui, en réalité, n'est que le même que font certains bourgeois qui, ne pouvant nier les vices de l'organisation actuelle et la nécessité d'une transformation sociale, se retranchent derrière les soi-disant besoins d'une soi-disant amélioration progressive et nous disent : « Certainement vous avez raison ! .Ce que vous dites est très bien ! Il faut en effet que les travailleurs arrivent à obtenir le produit intégral de leur travail. Mais, vous comprenez, il y a les situations acquises ; il faut tenir aussi compte de l'ignorance des masses. Si tout d'un coup l'on faisait les réformes que vous demandez, on courrait le risque d'avoir contre soi la majorité de la population. Ce n'est pas comme cela qu'il faut agir. Quand les produits seront en assez grande quantité pour que les hommes puissent prendre à leur volonté, sans crainte que ces mêmes produits viennent à manquer pour les autres; quand l'homme sera devenu assez intelligent pour savoir qu'il doit respecter la liberté des autres, alors là, peut-être, on pourra proclamer la liberté complète de l'individu, supprimer tout gouvernement; allons-y progressivement : répandons d'abord l'instruction dans les masses : instruisons le peuple et quand il sera instruit il obtiendra tout ce que vous demandez. » Avec ce langage ces bourgeois, sans nier la légitimité de nos revendications, en arrivent à les renvoyer aux calendes grecques. A l'instar de ces bourgeois, certains socialistes nous disent : « Vos idées sont belles mais ne sont pas réalisables avec le tempérament français — en France ou bien anglais en Angleterre. — « Cer-

tainement votre idéal de société est magnifique en
théorie mais impraticable en réalité. Quand une période transitoire aura perfectionné l'humanité,
émoussé les instincts mauvais de l'homme, peut-être
alors, vos idées pourront-elles être appliquées sans
inconvénient, mais il faut qu'auparavant l'homme
passe par cette période éducative qui l'amènera progressivement au but.

« Mais dès le début de la Révolution, ou du moins
sitôt la lutte terminée, il faudra régler la consommation selon la production de chacun, afin d'éviter que
la production ne soit dépassée par la consommation. »

Nous ferons remarquer ici à ces soi-disant socialistes qu'ils se font une drôle d'idée de la révolution économique qu'ils prêchent en théorie; ils ne
veulent en pratique, faire ni plus ni moins qu'une
révolution politique. Cela nous explique leur manière d'agir en propagande. Ils se groupent en
commissions, en lignes locales, régionales, fédé-
rales, nationales, etc. Ils espèrent substituer, pendant la lutte, leur organisation à l'ancienne et déjà
dicter leurs lois à tous.

Comme nous l'avons vu plus haut, la prise de possession de l'outillage et du sol ne peut avoir lieu à
coups de décrets: ce changement de gouvernement
ne pouvant avoir d'autre résultat que de changer les
hommes au pouvoir, car le nouveau gouvernement
établi, ou serait emporté par la contre-révolution,
si les changements économiques ne s'étaient pas
opérés pendant la lutte, ou, par diplomatie, se
verrait forcé d'ajourner ces réformes et une
fois ajournées, le peuple pourrait attendre, il ne serait pas prêt de les voir se réaliser. Nous démontre-
rons plus loin les dangers du pouvoir.

Nous, anarchistes, nous envisageons la révolution
qui se prépare à un point de vue plus large. Pour
nous, la révolution sociale ne pourra s'accomplir,

comme les révolutions politiques passées en deux ou trois jours de lutte. Selon l'intensité de la propagande qui sera faite, selon le temps que nous aurons devant nous pour la préparer, cette lutte sera plus ou moins longue et pourra durer un nombre indéterminé d'années. Supposer que la bourgeoisie se laissera dépouiller de ses privilèges sans résister, serait commettre une grave erreur. La sauvagerie qu'elle a déployée dans les répressions qui ont suivi les révolutions qui avaient eu seulement une ombre de caractère socialiste, nous démontre le caractère que pourra prendre la lutte que nous serons forcés d'engager avec elle. Attaquée en plein dans ses privilèges, menacée de perdre tout ce qui l'élève au-dessus de la masse, condamnée à disparaître, elle se défendra de toutes ses forces, mettra en jeu tous les ressorts que lui donne le pouvoir qu'elle détient.

Or, quoique nous fassions, il est à présumer que notre propagande, ne pourra pénétrer partout à un égal degré, nous pouvons prévoir que les privilégiés se replieront dans les localités qui auront échappé à notre action et de là, nous feront la guerre, et susciteront à l'organisation nouvelle, tous les embarras qu'il leur sera possible de nous créer. Ce sera donc entre nous et la vieille société agonisante une lutte implacable, terrible, sans trêve ni relâche qui pourra durer, comme nous l'avons dit, plusieurs années ; et, qui sait, peut-être plusieurs générations.

Etant donné cette situation, il est évident qu'à travers cette période de lutte, il faudra que s'organise la production, afin de faciliter la consommation, par une division de travail qui, selon nous, doit être l'œuvre de l'initiative individuelle, sous la pression des besoins.

Dès le début de la lutte, le peuple, poussé par le besoin, ira tout simplement dans les magasins, prendre ce dont il aura besoin, de même qu'il ira porter sa force d'activité où l'utilité s'en fera sentir ; et il s'habituera ainsi, par la pratique, à consommer sans se préoccuper d'où viennent les produits et à produire sans s'inquiéter où ils vont; de cette manière, les travailleurs seront habitués au communisme avant que les commissions de statistique aient seulement pu s'entendre sur la valeur d'échange. Et cela, spontanément, par leur propre impulsion.

Si les anarchistes que la propagande aura faits sont bien conscients de leur rôle, ils peuvent entraîner la masse avec eux; il leur suffira de mettre résolument leurs théories en pratique, d'en démontrer ainsi l'avantage, et comme la foule comprend les choses simples et que, dans les moments de révolution, elle est toujours portée vers les idées nouvelles, le seul obstacle que pourrait rencontrer leur application viendrait d'un pouvoir cherchant à se constituer; le devoir des anarchistes est tout tracé: ce sera de le mettre bas.

Comme la révolution n'aura d'autre cause que l'évolution qui l'aura rendue inévitable, nous devons aussi tabler sur ce que nombre de faits anarchistes seront déjà entrés dans les mœurs; que les anarchistes auront su, parmi eux, créer l'entente et l'organisation que comportent leurs perceptions de la vie sociale, pour une foule de rapports qui échappent à la coërcition de l'autorité actuelle, et qu'il leur suffira de renverser les institutions qui font obstacle pour les étendre à tous les rapports sociaux.

De plus, nous pensons que les individus ne devront compter que sur eux-mêmes et rien que sur eux-mêmes pour produire ce dont ils auront besoin. Éprouveront-il le besoin de tel objet déterminé, ce sera à eux de chercher le groupement capable de les aider à l'obtention dudit objet.

Maintenant, leur rôle dans ce groupement, consistera-t-il à travailler directement à la production de cet objet, ou à la confection d'autres objets nécessaires à ceux faisant partie dudit groupement, cela découlera des circonstances, des milieux, des caractères et des affinités. Il vous répugnera de donner une allumette à tel type que vous ne pouvez sentir sans raisonner pourquoi, que vous partagerez tout ce que vous aurez avec tel autre qui vous est agréable.

Tels individus ont répugnance à tel travail, tels autres s'attachent à produire tel objet, sans en éprouver aucun besoin personnel, rien que pour le plaisir de le façonner, de le fignoler, de le mener à bien : multiples seront donc les formes de groupements.

De cette manière, cela ne marcherait que mieux, puisqu'il n'y aurait rien d'imposé; chaque individu ne ferait que ce qui lui conviendrait, et comme le bien-être particulier découlerait du bien-être général, il n'y aurait pas de raison pour que les individus agissent contre leur intérêt.

Ne savons-nous pas tous qu'il n'y a mauvaise volonté que là où il y a autorité, car il est dans le caractère des individus de ne pas vouloir être commandés.

Si beaucoup de nos camarades qui admettent encore une espèce d'autorité pour maintenir l'équilibre dans la société future, voulaient fouiller dans un des coins les plus reculés de leur conscience, ils verraient qu'ils veulent bien un pouvoir, mais avec cette restriction qu'ils seraient libres de l'envoyer promener alors qu'il voudra les contraindre à faire une chose qui leur déplaît. Ces camarades s'apercevraient qu'un pouvoir, dans ces conditions, n'a aucune raison d'être. Ils ne le veulent donc que pour ceux ou plutôt contre ceux qui ne seront pas de leur avis; mais c'est une singulière manière de comprendre la liberté.

Il est vrai que certains adorateurs de l'autorité ont prétendu que plus l'homme se développe, plus il devient esclave de la société, et au nom de la science ils essaient de prouver que l'autonomie n'existe pas :

c'est une erreur que nous réfuterons plus loin; ne nous y arrêtons donc pas davantage. D'autres nous disent qu'il faut bien une règle, que l'on ne peut contenter tout le monde à la fois (ce sera vrai tant que l'on voudra imposer la même manière de voir à tous), qu'en un mot c'est la majorité qui doit faire la loi. A ceux-là nous n'avons qu'une chose à répondre : Quel est le critérium par lequel on reconnaît qu'une majorité est dans le vrai ou dans le faux? Où commencent les majorités et où finissent-elles?

S'il en était ainsi, nous n'aurions qu'à nous incliner humblement devant la bourgeoisie qui nous exploite, puisqu'elle a la majorité pour elle, et que nous, nous ne sommes qu'une infime minorité. ?

Peut-être nous répondra-t-on que, dans une société améliorée où le travailleur aura le produit intégral de son travail, où il aura toutes sortes de libertés, une société où l'instruction sera à la portée de tous, une société enfin qui... etc., etc., il sera facile aux travailleurs de choisir librement leurs mandataires et d'évoluer vers la perfection. Soit, seulement si nous étudions l'humanité depuis les commencements de son histoire, nous verrons que chaque fois qu'une idée a pu parvenir à avoir ce que l'on nomme la majorité et conquérir ainsi sa place dans la société, c'est que derrière elle il y avait une vérité meilleure qui la poussait, et lorsque cette idée s'était emparée du pouvoir, elle s'y incrustait et devenait oppressive à son tour jusqu'à ce que l'évolution des idées s'étant faite, une révolution nouvelle vint la chasser à son tour et donner prendre sa place à une idée nouvelle.

Eh bien, nous, anarchistes, nous pensons qu'il faut briser ce cercle vicieux; la terre est assez grande pour nous nourrir tous et nous fournir un large espace d'évolution : il y a place pour tous au soleil, sans avoir besoin de nous égorger; si nous voulons que l'évolution se fasse pacifiquement dans la voie du progrès, il faut briser ce qui l'entrave dans sa marche, sans avoir égard à ce qu'on appelle majorité; chaque vérité a toujours été énoncée par une minorité.

———

Comme on le voit, la révolution elle-même, pourra suppléer largement à la période éducative que réclament certains socialistes attardés. Du reste, les compagnons qui nous tiennent ce langage peuvent être de bonne foi, mais quant à nous, nous ne comprenons rien à ces finasseries : Nous avons une idée que nous croyons bonne, et nous cherchons à la propager autour de nous et à la faire comprendre par ceux que nous voulons entraîner avec nous dans la révolution. Lorsque la révolution se fera, peut-être les idées ne seront-elles pas assez avancées pour rallier autour d'elles la masse de ceux qui y auront pris part; mais, du moins, par notre propagande nous aurons cherché à les répandre et si, au lendemain de la révolution, nous sommes forcés de subir une période transitoire, ce sera assez de la subir sans avoir à nous en faire les propagateurs.

D'ailleurs, on ne tient pas assez compte de cette espèce de fièvre et d'exaltation qui s'emparent des individus en temps de révolution. A ces moments, les idées germent et se développent rapidement, les hommes sont poussés à une certaine abnégation d'eux-mêmes; et ceci n'a jamais manqué dans les révolutions passées et, par contre, nous avons vu les idées larges et généreuses étouffées par ceux qui s'étaient fait les chefs du mouvement.

VII

Le libre choix de travaux

Cependant, nous dit-on, il faudra bien que les groupes producteurs qui se formeront aient un chef, un contre-maître, quelqu'un qui distribue le travail; sansquoi l'on se disputera pour faire la même chose, personne ne sera d'accord et, en fin de compte, on ne fera rien de bon.

A quoi bon un chef? puisque les individus qui composeront le groupe, formé en vue de produire tel ou tel article qui leur est nécessaire, se seront certainement entendus d'avance. Ils se répartiront le travail sans contestation, selon leurs aptitudes, d'autant mieux que les individus auxquels ne conviendrait pas la manière de faire du groupe seraient libres d'en sortir et d'en chercher ou d'en constituer un autre qui réponde mieux à leur manière de voir.

Ce qui fait qu'aujourd'hui (et c'est ce qui se produira inévitablement dans une société où le travail, quoi qu'on en dise, sera toujours salarié), un ouvrier préfère tel travail à tel autre, c'est qu'il espère trouver plus de profit; mais lorsqu'on aura aboli le salariat, quand chaque individu n'aura plus qu'à travailler à la satisfaction de ses besoins, il saura bien s'entendre avec ceux auxquels il se sera associé pour savoir se répartir le travail et choisir celui qui conviendra le mieux à ses aptitudes.

On a parlé des travaux pénibles et dégoûtants, on a dit que si on n'était pas intéressé à faire ces travaux, personne ne voudrait s'en charger. Nous croyons, pour notre part, que les individus habitués à un métier, continueront ce métier, aussi longtemps que ce sera nécessaire après la révolution; ils le feront d'autant mieux qu'on travaillera dans des conditions plus saines, que la journée de travail sera aussi courte qu'on voudra et que, par l'extension de l'outillage mécanique et des perfectionnements que l'on pourra y apporter immédiatement, on supprimera, pour ainsi dire, comme travaux manuels, ces besognes réputées aujourd'hui fatigantes ou répugnantes.

La même réponse peut se faire à cette objection que l'on nous fait constamment : qu'il pourrait se faire, par exemple, dans la société future, telle que l'entendent les communistes anarchistes, on ne trouvât personne pour faire le métier de vidar   r. Eh bien! où serait le mal?

Voilà un bien grand malheur! Mais dans une maison où il y aurait ce petit travail à faire, est-ce que chacun n'aurait pas mis du sien pour remplir la fosse? Si, n'est-ce pas? Eh bien, du jour où le besoin de vider cette fosse se ferait *sentir*, les habitants iraient chercher une machine où ils seraient instruits d'en trouver, chacun mettrait la main à la pâte pour en être plus vite débarrassé, vu que tous y auraient un intérêt immédiat, celui de ne pas être empoisonnés. Ceci dit pour mettre les choses au pire, vu que les progrès qui se font en matière de construction nous font supposer que les choses seront beaucoup plus simplifiées que cela.

———

Enfin, une bonne raison pour que nous croyions que l'ouvrier sera assez éclairé pour savoir s'organiser lui-même au lendemain de la révolution sociale, c'est que déjà il aura brisé le milieu dans lequel il s'étiole. Certainement, l'homme ne sera pas encore amélioré par cela seul que la révolution aura été faite, mais le milieu dans lequel il se meut aura changé : en place de cette société égoïste, individuelle d'aujourd'hui, où tous les jours se dresse devant le travailleur exténué cette question terrible, bien souvent insoluble pour lui : comment mangerai-je demain? en place de cette société où la lutte pour l'existence se poursuit sans trêve ni relâche entre tous les individus qui la composent, l'homme se trouvera dans une société large, sans oppression aucune, basée sur la solidarité des intérêts où la satisfaction de tous ses besoins sera assurée, n'ayant en retour que sa part de travail à y apporter.

Pourquoi les hommes ne s'entendraient-ils pas?— Oui, l'homme est égoïste, il est ambitieux; mais brisez-lui entre les mains ce qui peut flatter cet égoïsme ou servir cette ambition, faites qu'il ne puisse s'élever au-dessus de la foule et de cette masse d'êtres qui, pris à part, ont tous les défauts d'une mauvaise éducation, héritage d'une société corrompue jusqu'à la moëlle, il se dégagera des idées larges et généreuses, une abnégation et un enthousiasme qui font que l'on a vu dans les révolutions passées des hommes en guenilles monter la garde l'arme au bras devant des millions et les conserver scrupuleusement pour ceux qui devaient leur escamoter la victoire. Ce n'est pas que nous voulions leur en faire des compliments, au contraire; nous aurions préféré les voir s'en emparer et accrocher aux becs de gaz ceux qui auraient tenté de les en empêcher; mais c'est un exemple que nous prenons parce qu'il nous semble convaincant.

On nous parle toujours d'évolution; mais nous savons fort bien qu'il faut que l'évolution se fasse dans les esprits avant de passer dans les faits; et c'est justement parce que nous savons qu'une idée, quelle que soit sa justesse, ne s'impose pas si les masses ne sont pas encore préparées à la recevoir, que nous essayons de faire cette évolution avant que la révolution qui se prépare ne nous surprenne. Quant à la révolution, nous y mettrons nos idées pratiques et appellerons, par notre exemple, nos compagnons de misère à faire de même. S'ils le font, c'est que l'évolution sera faite; si, au lieu de nous suivre, ils se mettent à nous tirer dessus, c'est que l'évolution ne sera pas faite, et alors certainement nous succomberons; mais, par le peu que nous aurons pu faire dans cette révolution, nous aurons lancé nos idées dans le domaine des faits ; et lorsque les travailleurs, retombés sous le joug de nouveaux maîtres qui continueront à les exploiter de plus belle, s'apercevront qu'ils auront encore une fois tiré les marrons du feu pour quelques intrigants seulement, ils réfléchiront et se diront qu'en effet nous avions raison de leur dire de ne pas se donner des maîtres. Le peu de faits que nous aurons pu accomplir durant la période révolutionnaire portant en eux-mêmes leur enseignement, nous pourrons être assurés que la révolution qui viendra ensuite aura pour but la mise en pratique de nos idées.

Pour nous résumer, nous disons, nous autres anarchistes, que le travail rendu attrayant dans la société future, au lieu d'être un esclavage comme dans la société actuelle, deviendra un délassement : nous disons que les heures de travail nécessaires pour produire les objets de consommation seront réduites par la substitution à la force de l'homme de toutes les forces motrices que la nature et la science mettent au service de l'humanité, par la restitution au travail productif de toutes les énergies employées à des besognes inutiles, par la suppression de tous les emplois parasitaires, qui ne servent qu'à augmenter la jouissance exclusive d'une classe d'individus. Nous disons et nous savons que le travail ne sera plus ce qu'il est aujourd'hui ; les individus ayant été capables d'accomplir une révolution sociale seront assez intelligents pour savoir que s'ils veulent continuer à tirer de la société toute la somme de jouissances dont ils ont besoin, cela ne leur sera possible qu'à la condition de contribuer à la production générale.

Pour en revenir à ce que nous disions de l'organisation, supposons une maison à construire : il fau-

dra, au préalable, établir un plan quelconque.
Quoiqu'on ait accusé les anarchistes d'être des
brouillons, de ne pas savoir ce qu'ils veulent, nous
les supposons assez pratiques pour croire qu'ils ne
s'amuseront pas, lorsqu'il s'agira de bâtir un édifice,
à poser des pierres les unes sur les autres, sans
savoir pourquoi ni comment, pour le simple plaisir
d'empiler des moëllons.

Dans la société future, — pas plus que dans la
société actuelle, — on ne construira pour le plaisir
de construire; lorsqu'on sera décidéà élever un bâtiment, c'est que le local futur sera affecté à une destination prévue; ceux qui voudront bâtir une maison
sauront d'avance comment ils la veulent; ceci découle
de la nature même des choses.

———

Deux cas pourront se présenter : le cas où un
groupe de maçons construirait de sa propre initiative; le cas où il construirait sur la demande d'un
autre groupe. Dans le premier, ils auront établi ou
fait établir les plans de l'édifice à construire; dans le
second, le groupe présentera les plans qu'il aura fait
ou fait faire; mais dans l'un ou l'autre, on se sera
entendu au préalable pour la destination à laquelle
devra être affecté l'édifice à construire, et on aura
basé ses plans sur cette destination. Pour établir
l'entente entre tous, il n'y aura nullement besoin
d'autorité, pas plus que pour décider des projets
qui doivent être adoptés, car l'intérêt individuel, —
ce moteur de toute division et de toute chicane,
— ayant disparu des relations de la société, les
différences d'appréciation ne pourront résulter que
de la manière de concevoir les choses; les petites
différences disparaîtront dans les discussions qui
pourront s'engager à ce sujet, pour ne laisser en
présence que les divergences trop accentuées pour
s'accorder; alors chacun se groupera pour mettre
en œuvre le plan qu'il croira répondre le mieux à
sa destination. Peut-ère y aura-t-il deux, trois bâti-

ments de construits au lieu d'un seul qui devait
l'être primitivement. Qui pourra s'en plaindre ?
D'ailleurs, il y aura cet avantage que, chacun ayant
à cœur de prouver que le plan auquel il s'est rallié
est le meilleur, que le groupe dont il fait partie a
raison, chaque individu apportera à la réalisation
de ce plan tout son savoir-faire, toute son énergie.
De sorte que nous retrouvons ici ce stimulant des
individus, que les défenseurs de l'état de choses
actuel prétendent être détruit par la suppression de
la propriété individuelle.

Puis, ces plans une fois adoptés, une fois chacun
groupé autour de l'idée qu'il croit la meilleure, il
n'y a là encore aucune place pour l'autorité. Ce besoin, que nous venons de constater plus haut, qu'ont
les individus de faire bien, les poussera encore à
prendre le genre de travail auquel ils se sentiront les
plus aptes — aucun intérêt contraire ne les poussant
à choisir plutôt tel autre.

———

Une fois cette division du travail accomplie, chacun se met à l'œuvre. Si, dans le courant du travail,
il plaît à un individu de changer le genre d'occupa-
tion qu'il avait choisie pour en prendre une autre, il
cherchera celui qui voudrait changer avec lui.
Ainsi le travail s'accomplira sans discussion, à la
satisfaction de tous, sans tiraillements ni acrimo-
nie. Ce sera, en un mot, « l'Harmonie », ce but idéal
de l'humanité.

Si, pour une cause ou pour une autre, un ou plusieurs individus ne peuvent plus s'accorder dans le
groupement par eux choisi, rien ne les y attache, rien
ne les force à y rester, ils iront au groupe qui répondra
le mieux à leurs sentiments. Si, par hasard, il n'en
existait pas, ils chercheront d'autres individus qui
sympathiseront avec eux pour créer un groupe selon
leur manière de voir ; et comme tout caractère — à
moins qu'il soit tout à fait biscornu, — trouve toujours avec qui sympathiser, comme les caractères

biscornus ne sont que de rares exceptions, et comme
la société ou association n'est, ou du moins ne doit
être que le fait de caractères sociables, il s'ensuit
que nous n'avons pas à tenir compte de ces anomalies, que l'on voudrait nous présenter comme un
obstacle à l'organisation future.

D'ailleurs, la nécessité est là pour celui qui veut
vivre. Aucun maître ne lui commande, mais son
existence n'est possible que par l'association. S'il
veut périr, il est libre ; mais s'il veut vivre, il ne
peut le faire qu'en trouvant des compagnons. La solidarité est une des conditions naturelles de l'existence, et nous nous en tenons aux indications de la
nature.

Ce que nous venons de dire pour la construction
d'un bâtiment peut s'appliquer à tous les besoins de
la société ; aussi bien à la création des voies ferrées,
des canaux, des lignes télégraphiques, à la mise en
pratique des inventions nouvelles, qu'à la création
des objets les plus infimes de la production, à toutes
es branches de l'activité humaine.

VIII

Harmonie, Solidarité

Dans le chapitre précédent, nous avons vu que les individus pouvaient arriver à se grouper et à s'entendre dans l'organisation qui découlerait de leurs rapports journaliers, sans autorité parmi eux, par le fait seul, du groupement des affinités, des mêmes tendances, du même but à poursuivre. Il nous reste à voir si les groupes pourraient exister les uns à côté des autres, sans se gêner, sans s'entraver, sans se combattre. Nous le croyons fermement et nous allons expliquer les raisons qui font pour nous de cette croyance, une certitude.

Si nous étudions les causes de division qui, dans la société actuelle, font de chaque individu un adversaire de son semblable, nous verrons que c'est d'abord la crainte du lendemain qui fait de chaque individu un être égoïste. Et néanmoins, l'homme pris en général, est plutôt porté à la sociabilité et se plaît à secourir son semblable, lorsqu'il peut le faire sans compromettre son bénéfice ou ses chances de réussite. Le désir *d'arriver*, l'amour du lucre, ne sont que les produits de l'organisation antagonique de la société, qui fait aux individus une loi d'user de tous les moyens, dans cette lutte de tous les instants, qu'ils ont à se livrer, pour atteindre le but avant leurs concurrents; il faut qu'ils les écrasent, s'ils ne veulent pas être écrasés eux-mêmes et leur servir de marchepied. Telle est l'organisation de la société : il faut se boucher les oreilles, pour ne pas entendre les cris de ceux qui se noient; loin de s'arrêter à leur porter secours, il faut au contraire, les *aider* à s'enfoncer davantage, car la foule des rivaux est là, derrière vous, qui marche toujours et vous marchera dessus sans pitié si vous faites mine de vous arrêter. Rien d'étonnant après cela, à ce que l'accord et l'entente entre les individus, soient si difficiles dans la société actuelle basée, qu'elle est, sur la concurrence individuelle, sur l'extermination les uns des autres.

Mais, comme nous l'avons vu, la société actuelle étant détruite, la propriété individuelle étant abolie, les individus n'ayant plus besoin de thésauriser pour avoir la certitude de leur lendemain, —cela du reste, leur étant rendu impossible, par la suppression de toute monnaie ou valeur représentative, — ayant la satisfaction de tous leurs besoins assurée dans la société nouvelle, le stimulant des individus n'étant plus que cet idéal de tendre toujours vers le mieux, les relations d'individus ou de groupes ne s'établissant plus en vue de ces échanges où chaque contractant ne cherche qu'à *enfoncer* son partenaire, les rapports n'auront plus pour objet que de rendre de mutuels services, où l'intérêt particulier n'a plus rien à voir, l'entente sera rendue facile, les causes de discorde auront disparu.

—————

Certes, cette entente ne s'établira pas parfaite du premier coup, ces relations ne naîtront pas sur le champ comme d'un coup de baguette d'une fée bienfaisante ; avant que d'y arriver, il y aura peut-être bien des déceptions, bien des tâtonnements, mais nous avons vu aussi que la Réforme Sociale, telle que nous la comprenons, telle qu'elle doit se faire pour être durable, ne pourra être l'œuvre de quelques jours. Le travail sera long, pénible, et demandera bien des luttes, mais avec tous ses essais, toutes ses reprises, toutes ses déceptions, la réussite définitive sera plus assurée qu'elle ne le serait par des actes d'autorité. Les fautes, les déceptions, n'auront qu'un effet, celui de rendre les individus plus circonspects, de les faire réfléchir avant d'agir, et quand ils s'apercevront qu'ils ont fait fausse route, il leur sera facile de changer leur direction, tandis que l'autorité leur imprimant une mauvaise voie, ils ne pourraient en sortir qu'en recommençant la révolution avant qu'elle soit achevée. L'expérience nous démontre que ce n'est pas toujours facile.

———

Les individus s'étant groupés comme nous l'avons vu, soit pour produire, pour leur usage personnel soit en vue de fournir à d'autres les objets de leur fabrication, il faudra nécessairement que ces groupes entrent en relation entre eux; il faudra qu'ils se tiennent au courant de leur marche, de leur fonctionnement, pour se fournir, ou savoir où ils auront à s'adresser pour se procurer ce dont ils auront besoin; en un mot, il faudra que les groupes opèrent le même travail d'agrégation que les individus auront opéré entre eux pour se grouper. Chaque groupe qui aura besoin d'un produit quelconque, recherchera le groupe qui pourra lui faciliter l'obtention de ce produit et devra se mettre en relation avec lui.

Ici se présente cette objection : « Comment fera un groupe auquel les autres groupes ne voudraient pas fournir ce dont il pourrait avoir besoin ? » Comme nous l'avons dit, les individus n'étant plus poussés par le besoin de thésauriser dans une société où l'intérêt individuel se confondrait dans l'intérêt général, les relations des individus et des groupes ne s'établiraient qu'au point de vue général ou de ce qui serait considéré comme tel; toute œuvre qui aurait une réelle utilité, serait sûre de trouver un appui parmi les groupes, soit dans l'un ou dans l'autre; il faudrait qu'elle fût bien mauvaise, pour ne rallier personne à son exécution. Il y aurait même cet avantage sur la société actuelle, que les idées nouvelles pourraient trouver leur mise en application immédiate, tandis qu'actuellement, une idée nouvelle n'est mise en pratique, qu'autant qu'un capitaliste peut y trouver un moyen d'exploitation nouveau et, comme les capitalistes, en dehors de leurs

affaires d'argent, n'ont qu'une faible valeur intellectuelle, il s'ensuit que beaucoup d'idées se trouvent
indéfiniment, ajournées quand elles ne sont pas en-
terrées définitivement, et celles qui voient le jour,
au lieu de servir au profit de tous, ne deviennent
que l'instrument de fortune de quelques-uns.

On nous répondra : Mais alors votre idéal de société, serait une république Spartiate : où tout serait tourné au profit de la société, vous y sacrifierez
l'individu, et ce qui rentre dans la production des
plaisirs, tout ce qui ne sert qu'à l'amuser ou à le
distraire, et n'est pas employé pour les besoins immédiats, serait, pour ce fait, inévitablement exclu
de la production sociale.

Erreur, nous considérons que tout ce que l'individu peut désirer, est un besoin pour lui, lui devient
par conséquent nécessaire et fera inévitablement
partie de la production sociale, et là encore ce seront les affinités, les similitudes de goûts qui guide-
ront les individus et les grouperont pour les relations à établir, pour s'en assurer la satisfaction.

———

L'altruisme ne pourra qu'aller se développant et
ceux qui auront produit pour leur usage personnel,
mettront d'eux-mêmes à la disposition de tous le
surplus de leur production. Etant données les diversités de tempéraments et les variétés d'aptitudes
qui existent parmi les hommes, il s'établira des
groupes pour la production de tout ce qui embras-
sera l'activité humaine, et dans la société de l'avenir on
continuera de trouver tout ce qui pourra plaire aux
individus, — abstraction faite, de l'idéal que nous
rêvons, où tous les hommes par le fait d'une éducation meilleure et de la facilité qu'ils auront à satisfaire leurs besoins, auront des goûts plus simples,
plus affinés, plus esthétiques, perdront cet amour
du clinquant et de la quincaillerie, qui distingue
l'homme sauvage. — Nous prenons l'homme tel
qu'il est, et qu'il pourra être encore au lendemain

de la révolution et nous disons que la variété d'aptitudes qui différencie les hommes, leur permettra
justement de produire tout ce qu'il faudra pour
nous satisfaire tous quelle que soit la diversité de
nos goûts.

Les individus en s'habituant à se grouper pour
produire eux-mêmes ce dont ils auront besoin, ou
pour le trouver dans des groupements auxquels ils
donneront en échange les produits de leur activité
spéciale, tombe la fameuse objection qui veut que,
la production n'étant pas réglementée et ordonnée,
il pourrait arriver encombrement pour certains produits et disette pour d'autres.

D'ailleurs, les statisticiens ne manqueront pas. Le
goût de chiffrer, de compter, de mesurer, est un travail attrayant pour bien des hommes. A eux de nous
renseigner sur l'équilibre des produits et de la consommation.

Et, du reste, la poste, le télégraphe et tous les
moyens de communication étant à la libre disposition des groupes et des individus est-ce que chaque
groupe ne pourra pas se tenir au courant des besoins de la consommation, des fluctuations de la production, régler et modifier la sienne en conséquence? les produits pourront se répartir des endroits où ils seront accumulés aux endroits qui en
manqueraient, par conséquent les individus n'auront aucune utilité à se mettre sur le dos une com-
mission de statistique qui leur dicterait ce qu'ils
auraient à faire, quand ils pourront s'en rendre
compte eux-mêmes.

On voit par les quelques points que nous avons
touchés, qu'il serait facile d'organiser une société
sans autorité.

IX

Communisme et Anarchie

On nous dit : « pourquoi prendre ce mot communistes qui implique l'autorité, car si nous étions
en communisme, les individus seraient obligés de
partager avec les autres ce qu'ils pourraient obtenir
de satisfactions personnelles, par conséquent, ils ne
seraient pas libres? Pourquoi ne pas garder le seul
titre d'anarchiste? »

Le mot « anarchie » n'est qu'une négation politique, il n'indique nullement nos tendances sociales, et
comme la liberté que les anarchistes réclament ne
résultera que de la situation économique que les
individus auront su se créer, il est toujours nécessaire, croyons-nous, d'indiquer le but auquel on
tend.

Certes, il n'y a guère de confusion possible sur le
mot anarchiste ; tous les anarchistes, en effet, sont
considérés, non-seulement, comme adversaires de
l'autorité, mais surtout comme ennemis de la propriété ; mais, comme notre but, nos idées, nos tendances, notre organisation physique, nos besoins,
nous poussent vers un état social où tous les
hommes unis entre eux, pourront librement évoluer
selon leurs *différentes* manières de voir, pourquoi
donc avoir peur d'un mot, s'il peut désigner notre
conception, et avoir peur de l'employer parce
qu'il aura servi d'étiquette à des systèmes que nous
repoussons ; n'ayons pas peur des mots, méfions-
nous plutôt de ce que l'on pourrait tenter d'y cacher.

Nous prenons les mots pour ce qu'ils valent
sans nous arrêter au sens que d'autres veulent
leur donner. Or, comme nous pensons que l'Anar

chie doit conduire l'humanité à un état social harmonique, où les individus vivront sans querelles,
sans luttes, dans la plus parfaite intelligence, le mot
communisme s'adapte parfaitement à la chose.
Que nous importe donc que des fabricants de systèmes sociaux aient donné ce nom aux conceptions
qu'ils avaient rêvé d'imposer ! l'appellation « d'anarchiste • loin de hurler à côté de celle de « communiste » vient, au contraire, corriger le sens autoritaire que l'on pourrait lui donner et démontrer
que, si nous reconnaissons que les individus doivent
vivre en société, nous reconnaissons aussi qu'ils doivent y vivre sur le pied de la plus parfaite égalité,
sans autorité aucune, pas plus sous celle du Sabre
que du Droit Divin, pas plus sous celle du Nombre
que de l'Intelligence. Chacun doit être son propre
maître et n'a à subir l'influence de personne.

Il ne s'agit donc plus que de trouver le but vers
lequel l'homme se trouve entraîné par ses facultés,
d'élucider ce mot qui paraît effrayer certains de nos
amis, d'en écarter les fausses interprétations qu'y
ont attachées certains socialistes qui ont voulu créer
des sociétés, basées plutôt sur les rêves de leur imagination, que sur les caractères vrais de l'homme.
C'est ce travail que nous essayons d'accomplir, en
ayant soin toutefois, de bien établir que nous n'a-
vons nullement l'intention — nous retomberions
alors dans la même faute que nos devanciers — de
présenter à nos amis, sortant toute armée de notre
cerveau, une société établie de toutes pièces, et que
l'on imposerait à eux, sous prétexte de faire leur
bonheur.

Notre prétention est moins grande, nous cherchons seulement à démontrer qu'ils sont les seuls
aptes à connaître leurs besoins, à savoir se guider
dans leur évolution et ne doivent confier ce soin
à personne ; qu'il n'y a qu'une manière d'être libre,
c'est de ne pas avoir de maîtres et qu'une société
peut facilement s'établir sur ces bases.

Voilà notre seule intention, puissions-nous réussir, nous serons satisfaits.

Il faut repousser le Communisme, nous dit-on, « sous peine de retomber dans le sentimentalisme vague et mal défini des anciens socialistes. »

Nul plus que nous n'est ennemi de ce sentimentalisme absurde, qui fait respecter à l'individu les préjugés qui l'entravent dans sa marche, nul plus que nous n'est l'adversaire de ce sentimentalisme idiot dont les poètes et les historiens bourgeois ont farci leurs élucubrations, pour fausser l'intelligence de la masse, en excitant chez elle une générosité bête, qui la rendait toujours dupe des intrigants qui n'avaient qu'un but, exploiter les sentiments d'abnégation qu'ils savaient exciter chez les autres, et ont fait que les révolutions sont venues toutes échouer piteusement devant des scrupules bêtes et hors de saison.

Mais, sous prétexte d'éviter de tomber dans le sentimentalisme, il ne faut pas non plus, comme cela est arrivé en littérature, tomber dans l'excès contraire. En dehors de ce sentimentalisme des cerveaux mal équilibrés, il y a chez l'homme un certain idéal, un sentiment de « mieux », un besoin de progrès qui se fait sentir et dont on doit tenir compte ; ce sont ces aspirations qui font de lui un être intelligent, et, devenues le mobile de ses actions, le distinguent de la brute. C'est en prenant l'homme tel qu'il est, en tenant compte de *tous* les sentiments qui le font mouvoir, des conditions d'existence que la nature lui crée, que nous arriverons à nous faire une idée de son avenir.

Or, la question ici se place sur un autre terrain et devient celle-ci : l'homme peut-il vivre seul? Etant données les conditions d'existence qui lui sont faites, le développement de son industrie, son organisation physique et ses besoins, l'homme pourra-t-il s'isoler?

Tout nous répond que non, tout nous démontre que
la société est un des besoins de l'homme, tout le
pousse vers l'association; chacun se sent attiré par
tel ou tel caractère, par telle ou telle personne.
L'isolement est la plus grande des tortures dont les
philanthropes aient doté la société; la sociabilité est
le vrai caractère de l'homme, les misanthropes et les
solitaires ne sont que des cerveaux détraqués ou des
hallucinés. Et ce qui le prouve bien, c'est qu'il a
pu survivre et résister aux injustices criantes que
l'on commet tous les jours « au nom de la société »,
et qu'on lui fait accepter comme une nécessité de
l'ordre social.

Mais, si l'homme ne peut vivre isolé, s'il ne peut
s'affranchir des obstacles que lui créent les conditions précaires d'existence, qu'en associant ses forces à celles de ses semblables, si son tempérament,
ses goûts, son intérêt le poussent à l'association, il
est évident que cette association doit se faire dans
des conditions d'égalité parfaite, entre *tous* les contractants, pour être durable, et ne devra laisser subsister aucun privilège dans son sein, si elle veut
conserver et rendre facile l'entente parmi ses membres qui, par le fait qu'ils seront, soit en société,
soit en groupes, n'importe le nom que l'on donne à
cette association, consommeront, produiront, agiront enfin ensemble selon le but pour lequel ils se
seront groupés, et agiront par conséquent « en commun ».

————

« Si nous avions le Communisme, nous dit-on,
les individus ne pourraient garder pour eux les
jouissances qu'ils auront su se créer ». Cette objection n'a pas de fond, car l'outillage, la production,
le sol, les moyens de communication et de trans-
port étant à la libre disposition des individus sans
le visa d'aucuns *répartiteurs*, les individus n'auraient
nullement à se partager les jouissances qu'ils se
créeraient. Ceux qui, en égoïstes, voudraient les

garder pour eux, rien ne les en empêcherait, cela se
rait leur affaire, ceux qui les entoureraient ne penseraient même pas à leur réclamer quoi que ce soit,
car si leurs besoins les poussaient à désirer ces mêmes jouissances, ils auraient toutes les facilités voulues pour se les créer à leur tour. Ce serait
encore un d-s stimulants — que les économistes
bourgeois prétendent n'exister que dans l'appro-
priation individuelle, — qui se ferait jour, sous de
nouvelles et de plus nobles formes, dans la société
nouvelle. Comme on le voit, le Communisme tel
que nous l'entendons n'a rien de commun avec celui des autoritaires, et laisse toute liberté à l'individu.

Mais, si l'homme est forcé de vivre en société, cette
société n'a de raison d'être que par l'avantage
que doivent y trouver les individus, l'état social
n'est, pour l'homme, qu'un moyen de s'affranchir
des obstacles naturels, d'agrandir le champ de son
activité et de développer son autonomie, d'acquérir
la force de surmonter les obstacles, et de réduire à sa
plus minime valeur la somme de temps nécessaire
à la production des objets indispensables à son existence et à la satisfaction de ses besoins physiques.

C'est dire que la société — cette entité abstraite,
créée par les sociologues et les politiciens pour absor-
ber l'individualité humaine en un tout qu'ils ont su
exploiter à leur profit — n'a aucun droit, aucun pouvoir sur l'individu, et qu'en aucun cas, celui-ci ne
peut être sacrifié aux besoins de celle-là; car la société ne peut avoir aucun besoin propre à elle seule,
aucun intérêt qui lui soit particulier; ses besoins ne
sont que la somme des besoins des individus qui la
composent, et, par conséquent, l'intérêt social et
l'intérêt individuel ne peuvent jamais se trouver en
antagonisme dans une société bien équilibrée; quand
ce fait se produit, comme dans la société actuelle,
c'est que cette société est établie sur des bases fausses
et ne sert qu'à masquer l'exploitation d'une partie

de ses membres au profit d'une autre partie qui a su faire tourner l'association à son profit, et alors, les individus opprimés ont le droit et le devoir de rompre l'association, même par la force.

Mais, si l'homme, en vue de son bien-être, est forcé de vivre en société, cela ne veut pas dire qu'il doive, pour cela, renoncer à son individualité; c'est s'en faire une étrange idée de croire qu'il aura amoindri son autonomie, aliéné sa liberté, parce qu'il aura uni ses forces à celles d'autres individus, en vue de tirer meilleur parti des ressources que lui offre son industrie. Quand les hommes auront acquis la liberté économique, quand ils n'auront plus parmi eux des dispensateurs des produits naturels ou industriels, quand ces produits seront à la libre disposition de tous, les individus seront libres et égaux; car pouvant satisfaire tous leurs besoins, ils n'auront plus à subir l'autorité de personne et ne la subiront pas, ils se sentiront à armes égales avec celui qui voudrait les dominer.

C'est donc pour bien caractériser ce côté économique de notre propagande que l'on a adjoint au qualificatif « Anarchiste » celui de « Communiste ». Nous ne devons pas oublier que notre esclavage politique provient de notre esclavage économique; l'autorité n'ayant pour raison d'être que la défense des privilèges des possédants, contre les réclamations des dépossédés, c'est donc du côté de nos maîtres économiques que nous devons principalement diriger nos coups.

Du reste, comme dans la société que nous envisageons, nous repoussons absolument l'établissement de places ou situations qui pourraient permettre à un nombre plus ou moins grand, plus ou moins restreint d'individus de dominer les autres et leur servir de levier pour peser sur le restant de la masse. Comme notre propagande consiste à démontrer que tous ces rouages sont nuisibles sans être d'aucune utilité, il s'ensuit donc que notre communisme es bien défini et ne laisse place à aucun doute, à aucune équivoque. D'autant plus, que tous les tableaux, plus ou moins idéaux, que nous pouvons évoquer, de la société de l'avenir, nous ne pouvons les présenter aux individus que comme un état plus parfait vers lequel ils doivent tendre de tous leurs efforts, mais en ayant bien soin de leur démontrer que cette société ne peut s'établir que par la libre évolution des individus, lorsqu'ils auront brisé les obstacles qui les entravent actuellement, et *ne peut s'imposer* à eux, sous peine de rendre les effets contraires, c'est-à-dire, laisserait subsister dans l'humanité, l'état de guerre qui caractérise notre état social actuel, au lieu de lui apporter *l'Harmonie!*

X

De l'influence morale de la Révolution

On ajoute : « Pourquoi se préoccuper de ce qui se passera demain? Nous avons assez à faire de combattre dans la lutte présente, sans chercher ce que nous ferons après. Ne perdons pas notre temps à rêvasser sur des utopies quand le présent est là, qui nous étouffe. Luttons d'abord contre la société actuelle; quand elle sera renversée nous verrons ce que nous aurons à faire ».

Nous avons déjà dit qu'il n'entre pas dans nos idées d'élaborer de toutes pièces un système social applicable au lendemain de la révolution. Ce serait faire œuvre de réactionnaire, entraver l'évolution de la société future, mettre des bornes au progrès, le retenir dans les limites que notre courte vue peut embrasser.

Mais ce qui nous fait considérer cette discussion comme très utile, c'est que si les révolutions passées ont si piteusement échoué, si les intrigants ont pu détourner la victoire à leur profit, c'est que la masse s'était uniquement préoccupée des besoins de la lutte présente, son idéal, son désir, le but pour lequel elle combattait c'était la liberté et le bien-être, il est vrai, mais sous quelles formes devaient-ils lui venir, elle ne s'en était pas occupée; on lui avait parlé de la République en lui faisant entrevoir tout un monde de félicités, cela avait suffi, elle avait combattu pour la République en laissant aux *initiés* le soin de lui organiser son bien-être et sa liberté, ce dont ceux-ci avaient profité pour lui remettre le joug qu'elle venait de briser. Il ne doit plus en être ainsi, il faut, quand la masse descendra dans la rue, qu'elle sache ce qu'elle veut, de manière qu'elle ne se laisse plus conduire.

Certes, il est facile de dire : « Ne nous occupons pas de ce qui se passera demain, à chaque jour suffit sa tâche, occupons-nous de détruire ce qui nous gêne, nous verrons après ». Que nos amis qui nous tiennent ce raisonnement nous permettent de leur dire que ce n'est pas de cette façon que l'on fait des adhérents convaincus, sachant *ce qu'ils veulent*, incapables de se laisser détourner de leur voie par les phraseurs. C'est parce que l'on ne fait les révolutions qu'à coups d'idées, que nous voulons déblayer complètement le terrain sur lequel nous devons combattre, que nous cherchons à débarrasser notre route de tous les préjugés qui entravent notre marche et essayons de former une conviction solide chez ceux que nous cherchons à convaincre.

———

Il ne faut plus, lors de la prochaine révolution, qu'on dirige la masse avec des mots ; que, sous l'épithète « Anarchie », on lui fasse avaler tous les systèmes possibles, il faut que les travailleurs sachent ce qu'ils auront à faire avant, pendant et après le combat — non pas éclairés de tous points et dans tous les détails, cela est impossible, seules les circonstances doivent les guider dans les besoins de la lutte, mais il faut qu'ils sachent *tout ce qu'ils devront empêcher* pour que la victoire leur reste.

Quand on sait bien ce que l'on veut, on fait de la bonne besogne.

———

Nous avons le présent contre lequel il faut lutter de toute notre énergie, nous dira-t-on ; cela est vrai, nous le reconnaissons, mais, dans la propagande que nous faisons, il y a place pour toutes les énergies, pour tous les tempéraments. Que les impatients, que ceux qui brûlent de se mesurer avec l'organisation actuelle et ne veulent pas entendre parler de rien autre, que ceux-là agissent selon leur tempérament, nous n'y voyons aucun mal, nous ne serons

jamais les derniers à applaudir aux coups portés.
La propagande théorique, du reste, ne peut que leur
être d'un concours utile, pour ne pas dire indispensable. Mais nous envisageons la lutte sous un plus
large aspect; nous l'envisageons sous toutes ses
faces et nous trouvons que pour opérer une transformation aussi profonde que nous la voulons, il n'est
pas trop de toutes les aptitudes, de tous les dé-
vouements, n'importe la forme sous laquelle ils se
produisent, du moment qu'ils ont pour but la destruction d'un préjugé, l'élucidation d'une vérité.
C'est cette division naturelle et spontanée du travail
qui, permettant à toutes les initiatives de se produire, nous facilitera la destruction de la société
actuelle en nous mettant à même de l'attaquer de
tous les côtés à la fois.

D'autres compagnons nous disent : « mais comment fera-t-on pour empêcher les anciens patrons,
propriétaires et gouvernants de se liguer pour rétablir la propriété individuelle et l'autorité? Si la révolution est victorieuse dans un pays quelconque, comment fera-t-on pour la défendre contre les autres
puissances qui ne manqueraient pas de l'attaquer, si
les individus restent éparpillés et n'ont pas une force
qui les relie, comment préviendra-t-on les crimes?
comment empêchera-t-on les fous de nuire?»

Si les compagnons qui nous font ces objections,
avaient bien réfléchit à la somme d'énergie
qu'il aura fallu dépenser pour arriver à faire
triompher la révolution sociale, s'ils avaient réfléchi
que la plupart des inconvénients qu'ils redoutent
ne sont que le produit de l'organisation antagonique actuelle et doivent disparaître avec elle,
ils auraient compris que ces objections ne peuvent
nullement arrêter la propagande, mais comme on
gagne toujours à élucider une question, nous allons
y répondre.

Comment veut-on que les anciens gouvernants,

propriétaires et patrons, essaient de rétablir leur autorité ainsi que la propriété individuelle, quand les forces qui les soutiennent actuellement n'auront pu empêcher leur renversement, se trouveront détruites ou dispersées, qu'ils en seront réduits à leurs seules forces? Du moment que les travailleurs auront été assez forts pour détruire toute l'organisation actuelle qui pèse de tout son poids sur eux, ne croyez-vous pas qu'ils le seront assez pour empêcher qu'elle se reforme? Le danger ne serait-il pas au contraire dans la possibilité pour les rétrogrades de s'emparer du pouvoir, si les travailleurs étaient assez bêtes pour en laisser établir un? Poser la question c'est la résoudre, nous ne nous y arrêterons donc pas davantage.

————

Quant à ce que les gouvernements tombent sur le dos du peuple qui serait parvenu à faire triompher la Révolution Sociale, cela ne ferait aucun doute, si la révolution restait le fait d'un peuple ou d'une nation. Mais comme la révolution sociale ne peut vaincre qu'à condition qu'elle soit internationale, comme les travailleurs n'arriveront à se débarrasser de leurs exploiteurs qu'à condition qu'ils feront abstraction de ces lignes fictives qui les séparent et ont abjuré les haines idiotes que leurs exploiteurs leur ont soufflées, pour les armer les uns contre les autres, ils se prêteront la main pour accomplir cette besogne salutaire: la destruction des parasites; comme la révolution sociale, en un mot, ne peut être le fait d'une nation plus qu'une autre, mais doit s'étendre à l'humanité entière, il s'ensuit que la révolution ne peut se localiser et qu'elle pourra éclater sur plusieurs points à la fois, ou l'un après l'autre, selon les circonstances qui feront naître ces divers mouvements. Mais, somme toute, comme les mêmes causes agiront sur tous les points en produisant les mêmes effets, chaque gouvernement sera assez occupé chez lui sans avoir à s'occuper de ce qui se passe chez ses voisins.

Nous l'avons vu, la révolution ne se faisant pas en quelques jours, comme d'aucuns le croient, mais pouvant durer, peut-être plusieurs générations, il n'y a pas de lendemain de révolution, mais toute une période évolutive, semée de coups de forces pour passer de la théorie au fait: c'est donc la révolution elle-même, qui nous tiendra lieu de cette période transitoire que réclament les partisans de l'atermoiement.

Certes ce serait une bien grande erreur de croire que le bouleversement du vieux monde, tel que nous le comprenons, puisse être l'œuvre d'une journée ou deux, ce serait fortement s'illusionner de croire qu'il n'y aura qu'à renverser un gouvernement ou deux et une demi-douzaine de décrets à lancer pour établir un nouvel état de choses. Si elle était envisagée à ce point de vue, la Révolution Sociale amènerait beaucoup de désillusions.

La lutte sera longue et pénible ; elle ne prendra fin qu'avec la dernière parcelle de la propriété individuelle et la disparition du dernier vestige d'autorité sur la terre.

Quant aux crimes, à de rares exceptions près, on n'est pas criminel pour le simple plaisir de perpétrer un crime. Dans la société actuelle la plupart des crimes ne se commettent que par intérêt ou pour des causes qui dérivent de la mauvaise organisation sociale. Que l'on fasse disparaître ces causes et les crimes qu'elles engendrent disparaîtront avec elles.

Pour les criminels dont les actes ne paraissent avoir aucun mobile explicable, malgré que parfois l'on n'ait pu trouver, chez leurs auteurs, des traces appréciables de l'altération du cerveau, il n'en est pas moins acquis, pour le médecin, pour le savant qui cherchent réellement à savoir et dont la science ne consiste pas à se créer une situation magnifique, en flagornant la société ou en se faisant pourvoyeurs de bourreaux, pour le savant désintéressé, il est hors de doute que ces individus ont sûrement obéi à des impulsions indépendantes de leur volonté et, avant d'en rendre responsable l'individu, il s'agirait de savoir si la Société, qui s'érige si vite en vengeresse, n'est pas la première responsable, en négligeant de leur fournir les moyens de développement qu'ils étaient en droit d'en attendre.

———

Il est évident que si ces cas se produisaient dans la société future, les individus seraient toujours en état de légitime défense contre ceux qui voudraient attenter à leur sûreté ; mais alors qu'on se défende au moment où l'attaque se produit, que l'on ait au moins le courage de ses actes ; que l'on n'aille pas s'abriter derrière une fausse morale, derrière des entités qui ne servent qu'à masquer votre couardise et vous font faire avec parade et ostentation ce que vous prétendez punir chez l'individu dont vous vous êtes érigés les juges. Belle logique vraiment que celle qui consiste à tuer un individu sous prétexte de lui apprendre à ne pas tuer.

———

Quant à nous, nous sommes certains que ces faits se raréfieront dans la société future, la nature de l'homme n'étant pas d'être malade et d'avoir un cerveau détraqué ; toutes les maladies, toutes les affections cérébrales, ne sont que le produit des mauvaises conditions d'existence que la société crée à l'individu, elles doivent disparaître quand l'homme sera revenu dans des conditions normales d'existence.

Certes, ces anomalies ne disparaîtront pas tout-à-coup, avec les causes qui leur ont donné naissance, l'hérédité les continuera pendant un certain temps, mais elles iront toujours en s'affaiblissant, car, quelque paradoxal que cela puisse paraître, la révolution sera venue exercer, là aussi, son influence salutaire.

Les médecius, en effet, ont remarqué que dans les périodes troublées, les maladies, les épidémics avaient beaucoup moins de prise sur les populations en effervescence, et cela est vrai, la lutte, le mouvement, l'enthousiasme, tout cela développe les forces vitales de l'individu et le rend moins vulnérable aux coups de la maladie.

La longue période révolutionnaire que l'humanité aura à traverser, exaltant chez l'individu toutes les passions qui lui donnent la vitalité, contribuera pour une bonne part à l'élimination de ces germes morbides qui entraînent l'humanité à sa décadence. La société future, en ramenant l'homme à ses conditions naturelles d'existence, l'affranchira de la maladie et le remettra dans la voie du progrès.

X

L'Enfant dans la Société nouvelle

Une des questions les plus complexes et les plus délicates à traiter, est certainement la question de l'enfant. Quand on pense à la faiblesse de ces petits êtres, quand on songe que les premières sensations qui viendront impressionner leur cerveau influeront plus ou moins sur le restant de leur vie, on se sent pris d'un profond sentiment de sympathie pour eux. C'est justement parce qu'ils sont faibles, qu'ils mourraient si on ne leur venait en aide, que dans une société anarchique où personne n'aura à craindre la misère, que tous se précipiteront pour être utile à l'enfant et que son développement physique et moral deviendra parfaitement assuré.

Mais avant d'aborder cette question, il faut se faire une idée bien nette des rapports sociaux, il faut se rendre compte des rapports de l'homme et de la femme, il faut enfin complètement débarasser son cerveau des préjugés qui, actuellement, servent de base à la famille juridique.

———

Étant donné que les anarchistes ne veulent d'aucune autorité dans leur organisation ; étant donné que l'organisation, telle qu'ils la comprennent, découle des rapports journaliers entre les individus ; rapports directs, sans intermédiaires, s'opérant sous l'action spontanée des intéressés, de groupe à groupe, d'individus à individus, mais se rompant de même, sans comité qui représente, ou du moins qui ait la prétention de représenter l'organisation sociale ; étant donné enfin, que les rapports des sexes se définiront de même : entente libre de deux êtres libres, entente qui n'a rien à voir avec l'organisation sociale, la question se simplifie beaucoup et ne se pose plus, comme l'ont posée jusqu'ici les socialistes autoritaires : « A qui doit appartenir l'enfant ? » Car l'enfant n'est pas une propriété, un produit qui puisse appartenir plus à celui qui l'a créé — comme le veulent les uns — qu'à la société, comme le prétendent certains autres.

D'abord en Anarchie, comme nous l'avons dit, il y a bien une association d'individus combinant leurs efforts en vue d'arriver à une plus grande somme de jouissances possible, mais il n'y a pas de société proprement dite, telle qu'on l'entend aujourd'hui, c'est-à-dire, se résumant en une série d'institutions qui agissent au nom de la masse. Comment alors, attribuer l'enfant à une entité qui n'existe pas d'une manière tangible? Qui en prendrait possession?

Pourquoi, d'un autre côté, l'enfant appartiendrait-il à ceux qui lui ont donné le jour. Il apporte en naissant son droit à l'existence, et sa faiblesse n'infirme en rien ce droit primordial, puisque ce stade de faiblesse est une des phases communes à tous les êtres humains. Donc, l'enfant ne peut être la propriété de ceux qui l'ont précédé. On doit lui fournir les objets nécessaires à son complet développement, comme on les a fournis à ceux qui l'ont précédé. La question se pose donc de la façon suivante : « Qui, dans la société nouvelle, donnera les soins à l'enfant? »

———

En effet, la famille juridique étant abolie, les rapports de l'homme et de la femme n'étant plus entravés par les difficultés économiques ou sociales, comme ils le sont actuellement, ces rapports s'établissant librement par le simple jeu des affinités; le caractère des individus sera forcément modifié par cette situation. Le rôle du père et de la mère changera complétement.

Les individus trouvant dans la société la satisfaction de leurs besoins, l'éducation et l'entretien des enfants n'étant plus une charge pour les parents, le père et la mère ne seront plus, comme ils le sont actuellement, par suite des privations qu'ils s'imposent, entraînés à considérer l'enfant comme une chose leur appartenant et de laquelle ils peuvent dire: « C'est moi qui l'ai fait, c'est moi qui le nourris, c'est moi qui l'entretiens, il m'appartient, la loi m'en proclame le maître, j'ai le droit d'en faire ce que bon me semblera. »

Tout autre sera la situation; les individus ne subissant plus aucune contrainte, n'étant plus astreints à aucune privation, au lieu de voir dans l'enfant une charge de plus à leur misère, un être inconscient à façonner au mieux de leurs intérêts, ils y verront un petit être à développer, à instruire, et n'étant plus talonnés par les soucis de l'existence, ils s'acquitteront à merveille de cette tâche.

La famille n'étant plus régie par aucune loi — puisqu'elles seront toutes détruites — ici comme dans tous les rapports sociaux, c'est la diversité de caractères et de tempéraments, le libre jeu des aptitudes diverses qui aplanira les difficultés de la situation et permettra à chacun de trouver sa vraie place dans l'harmonie sociale sans heurts ni difficultés.

Il y a des individus qui n'aiment pas les enfants, pour qui c'est un supplice d'avoir de ces petits êtres autour d'eux; ce sont ces individus qui, dans la société actuelle, font des martyrs ou des esclaves de leurs enfants, forcés qu'ils sont, de par la loi, de les garder et de les élever; ils font payer à ces petites créatures les désagréments d'une mauvaise organisation sociale. Il y a d'autres individus, au contraire, pour qui c'est un bonheur d'avoir de ces petits êtres à dorloter, à choyer.

C'est une joie pour eux sans égale que de les guider dans leurs premiers pas, de leur faire dire les premiers mots. Combien en voit-on qui se font instituteurs, principalement la femme, malgré tous les dégoûts que ce métier occasionne actuellement, portés qu'ils sont à cela par leur seul amour de l'enfance. Combien d'autres ne peuvent développer ce sentiment par suite des difficultés économiques qu'entraîne la mauvaise organisation sociale actuelle.

Or, rien n'empêche de supposer que, dans la société future, ces individus pourront se grouper et s'entendre en vue de donner leurs soins aux enfants de ceux pour qui ce serait une contrainte. En envisageant ainsi la question elle se résout, d'elle-même, sans difficulté et on n'a pas besoin de recourir à l'intervention sociale pour l'élucider.

Chacun se partage la besogne à son gré et y trouve sa satisfaction personnelle puisqu'il la choisit au mieux de ses tendances et de ses aptitudes.

On a souvent élevé cette objection : « Si la société au lieu de s'emparer de l'enfant, laisse les parents au cerveau étroit et vicieux libres de l'élever à leur guise ne court-il pas le risque de ne pas avoir tous les soins qu'exige son complet développement? Ceux qui l'auront entre lès mains lui inculqueront les préjugés dont eux-mêmes seront remplis. Il peut se faire encore, par exemple, qu'une mère aveuglée par l'amour maternel, veuille à toute force élever son enfant, quand il pourrait être démontré que son état de santé ne lui permet pas de le faire. »

Nous allons prendre une à une ces diverses objections et nous tâcherons de démontrer que le simple exercice de la liberté aplanira les difficultés mieux que l'autorité, qui, elle, ne peut qu'aggraver la situation. Pour la dernière objection, il ne nous sera pas difficile de le prouver. Si, en se basant sur les lois naturelles, il est quelqu'un qui puisse, avec quelque raison, arguer de ses droits sur l'enfant, ce serait assurément la mère. Plus que la société, plus que n'importe qui, elle pourrait faire valoir ses droits, puisque c'est elle qui met l'enfant au monde, elle qui peut lui donner des soins et l'alimentation nécessaires à maintenir cette vie qu'elle a donnée. Or, si cette mère voulait faire valoir ces droits, comment pourrait on lui retirer l'enfant sans faire acte d'autorité, par conséquent d'arbitraire? Nous avons vu plus haut qu'en Anarchie, il n'y a pas d'organisation qui puisse se substituer à la société, il serait donc déjà impossible de se réclamer de la société pour enlever à la mère son enfant ; on ne pourrait le faire qu'en faussant l'idée anarchiste, en créant l'autorité que l'on prétend détruire ; l'idée anarchiste n'admet pas d'équivoque : ou la Liberté entière, ou bien une chute nouvelle sous l'Autorité.

Par la liberté complète nous verrons la situation se dénouer toute seule. Même dans la société actuelle, malgré toutes les difficultés et les mauvaises conditions d'existence qui entravent les individus dans leur évolution, les mères ne font aucune difficulté de remettre leurs enfants à une nourrice pour des motifs moins graves que la santé de l'enfant, soit pour pouvoir travailler, quand elles sont ouvrières, soit pour être libres d'aller au bal et en soirées quand ce sont des bourgeoises. Comment veut-on que dans la société future, une mère se refuse à ce qui lui sera démontré être la santé et la vie de son enfant, et cela quand toutes les facilités se trouveront à la libre disposition des individus? D'abord plus de ces soins mercenaires d'aujourd'hui ! Celles qui se livreront à l'éducation des enfants, le feront par goût, par vocation et non pour gagner de l'argent ; par conséquent, le sentiment qui les aura portées à s'occuper de l'enfant, sera la meilleure garantie que l'on puisse désirer pour le bien-être du nouveau-né ; elles s'ingénieront à trouver toutes sortes de prévenances et de raffinements pour distraire les enfants livrés à leurs soins et aider à leur déveoppement.

Puis, il n'est pas prouvé que l'allaitement de l'enfant par la femme soit une condition *sine quâ non* de santé pour l'enfant ; nous savons bien que certains médecins ont prétendu que pour un développement normal de l'enfant, il devait être allaité par la mère, mais nous savons que certaines affirmations soi-disant scientifiques, dans la société actuelle, sont plutôt dictées par l'intérêt de classe que par la science elle-même, car tous les jours nous avons sous les yeux des enfants se développant parfaitement quoique allaités artificiellement. Ce serait encore mieux dans la société nouvelle, où tous les produits ne seraient plus sophistiqués par des trafiquants assoiffés de gain, comme ils le sont actuellement, et où l'on pourra approprier la nourriture des animaux que l'on aura choisis pour l'allaitement des enfants dont les mères — quoique incapables de les allaiter — n'auront pas voulu se séparer. Ensuite un changement de climat serait-il reconnu nécessaire, les individus pourront se transporter à l'endroit choisi sans être arrêtés par les difficultés pécuniaires de la société actuelle, assurés qu'ils seront, d'y retrouver les mêmes facilités d'existence.

———

Nous venons de voir que le sentiment qui pousserait les individus à s'occuper de l'enfant serait une garantie pour ceux-ci et que les individus auraient, dans la société nouvelle, tous les avantages nécessaires pour satisfaire et développer ce sentiment, il nous reste à réfuter l'objection de ceux qui ont peur que les parents bornés ne cherchent à rétrécir le cerveau de leur progéniture ; là encore, les craintes ne sont pas sérieuses. Qu'est-ce qui retient les parents d'envoyer leurs enfants à l'école ? Toujours, sous diverses formes, la question d'argent, et encore, malgré toutes les difficultés qui existent, le nombre des illettrés s'amoindrit tous les jours. Comment veut-on que dans la société nouvelle, les parents, quand ils ne seront plus tenus par cette question, tiennent à faire des ignorants de leurs enfants, lorsque, au contraire, toutes les facilités voulues seront à la disposition des individus pour leur développement physique et intellectuel.

Nous croyons avoir démontré qu'il serait contraire aux principes de l'Anarchie de confier l'éducation de l'enfance à une organisation centralisée ; il nous reste à démontrer que cela serait également contraire au développement intégral de l'enfant lui-même. On sait en effet, que chacun de nous vient au monde avec des aptitudes diverses et que ces aptitudes ne se développent qu'autant que nous trouvons de facilité à les exercer. Or, étant donné ces diversités de tempéraments et de caractères, il est évident que ce serait vouloir étouffer ces aptitudes que de soumettre l'enfance à un même régime d'éducation.

Nous avons déjà sous les yeux, dans la société actuelle, un échantillon des résultats de cette manière de faire ; il faut donc que ceux qui s'adonnent à l'éducation des enfants, étudient leur caractère, leurs tendances, de manière à pouvoir développer chez eux les aptitudes qui pourront s'y manifester au lieu de les étouffer inconsciemment par un régime arbitraire et unique. Bien plus, nous dirons qu'il est nécessaire, pour le libre développement de l'humanité, que l'éducation de l'enfance soit laissée à l'initiative individuelle.

Qu'est-ce qui a contribué à fausser le jugement de l'homme ? Qu'est-ce qui a contribué à maintenir dans son cerveau tous les préjugés, toutes les bêtises dont il a tant de mal à se débarrasser. N'est-ce pas l'éducation centralisée que lui imposait l'Etat ou l'Eglise et que ne pouvait combattre efficacement l'éducation reçue dans la famille, puisque les parents avaient reçu les mêmes préjugés, avaient été bercés des mêmes sornettes.

Quand même, après la suppression des Eglises et des Etats, il plairait à certains individus de faire des crétins de leurs enfants, nous pensons que cela leur serait rendu tout à fait impossible, le besoin de savoir, est inné chez l'homme ; or, comme il est présumable, certain même, que des groupes se formeront dans la société nouvelle, en vue de faciliter aux contractants l'étude de certaines connaissances spéciales, et comme il se sera formé de ces groupes pour chacune des connaissances humaines, on voit d'ici le mouvement intellectuel, l'échange d'idées qui s'opérera.

D'ailleurs, les rapports seront autrement larges, autrement empreints de fraternité que dans la société actuelle, basée qu'elle est sur l'antagonisme des intérêts, il s'ensuit que l'enfant, par ce qu'il verra se passer sous ses yeux, par ce qu'il entendra journellement, échappera à l'influence des parents et trouvera toutes les facilités requises pour acquérir les connaissances que ses parents lui refuseraient ; bien plus, si se trouvant trop malheureux sous la domination qu'ils voudraient lui imposer, il les abandonnait pour aller se mettre sous la protection des personnes qui lui seraient plus sympathiques, les parents ne pourraient mettre à ses trousses les gendarmes pour ramener sous leur domination l'esclave que maintenant leur accorde la loi.

On nous objectera peut-être que cependant, malgré tout, il peut se trouver des exceptions qui, profitant de l'absence de règle, pourraient déformer le cerveau des enfants qu'ils auraient. Nous répondrons que la suppression de l'autorité n'empêchera certainement pas l'exercice de la solidarité. A nous de combattre par notre propagande d'instruction les absurdités de quelques parents idiots. Ce n'est pas parce qu'il plairait à une demi-douzaine d'abrutis d'aller à rebours du sens commun qu'il faudrait entraver le reste de l'humanité dans le réseau d'une législation qui serait anti-libertaire, parce qu'elle serait la LOI.

XI

La Révolution et le darwinisme

On sait que les partisans de la doctrine de Darwin, et principalement ses commentateurs français, ont prétendu tirer des théories sur « l'évolution » du célèbre naturaliste un argument en faveur de l'organisation sociale actuelle. En s'emparant de ses théories sur « la lutte pour l'existence », ils ont prétendu qu'il était tout naturel que la société soit divisée en deux classes, les jouisseurs et les producteurs; que, vu les difficultés de l'existence, il y a lutte et, par conséquent, des vainqueurs et des vaincus; et que, toujours par suite de cette lutte, il est inévitable que les vaincus soient asservis aux vainqueurs et employés à produire pour augmenter les jouissances de ces derniers; que cela peut être regrettable, mais que les conditions de l'existence sont telles, les vivres étant trop restreints pour arriver à satisfaire les besoins de tous. C'est une loi naturelle, disent-ils, qu'il n'y ait que ce petit nombre d'élus auxquels est réservée la satisfaction intégrale de leurs besoins, et que ce petit nombre d'élus, par le fait seul qu'ils sont les vainqueurs, se trouvent être les plus aptes, les plus forts et les mieux doués.

Certes, ajoutent-ils, « il est regrettable que tant de victimes disparaissent dans la lutte; sans doute la société aurait besoin de réformes, mais cela doit être le produit du temps et ne peut être que le résultat de l'évolution humaine. A ceux qui se sentent assez forts ou assez intelligents de chercher à faire leur trou et à s'imposer à la société! Mais, du reste, cet antagonisme fut toujours et continue d'être une des causes des progrès humains! »

Malthus n'a pas craint pas d'écrire ces lignes, qui ont été citées bien des fois : « Un homme qui naît dans un monde déjà occupé, si sa famille n'a pas le moyen de le nourrir ou si la société n'a pas besoin de son travail, cet homme, dis-je, n'a pas le moindre droit à réclamer une portion quelconque de nourriture, il est réellement de trop sur la terre. Au grand banquet de la nature, il n'y a point de couvert mis pour lui. La nature lui commande de s'en aller, et elle ne tarde pas à mettre elle-même cet ordre à exécution... Lorsque la nature se charge de gouverner et de punir, ce serait une ambition bien méprisable de prétendre lui arracher le sceptre des mains. Que cet homme soit donc livré au châtiment que la nature lui inflige pour le punir de son indigence!!! Il faut lui apprendre que les lois de la nature le condamnent, lui et sa famille, aux souffrances, et que si lui et sa famille sont préservés de mourir de faim, ils ne le doivent qu'à quelque bienfaiteur compatissant qui, en les secourant, désobéit aux lois de la nature!!!! » (Malthus, *Essai sur la population*).

On le voit dans ces lignes, l'égoïsme bourgeois s'étale dans toute sa splendeur.

Travailleurs qui crevez de faim sur vos vieux jours, alors que vous avez usé vos forces à produire les richesses qui augmentent la somme de jouissances de vos exploiteurs, c'est un crime d'être venu au monde dans l'indigence, et tenez-vous encore pour satisfaits que des *protecteurs compatissants* aient bien voulu employer vos services, faisant valoir leur capitaux dont ils n'auraient su, sans vous, tirer parti, vous donnant en échange de quoi ne pas mourir de faim.

Voici ce qu'écrit un autre bourgeois :

« Le Darwinisme est tout, plutôt que socialiste... Si l'on veut lui attribuer une tendance politique, cette tendance ne saurait être qu'aristocratique, la théorie de la sélection n'enseigne-t-elle pas que, dans la vie de l'humanité comme dans celle des plantes et des animaux, — partout et toujours une faible minorité privilégiée parvient seule à vivre et à se développer, l'immense majorité, au contraire, pâlit et succombe plus ou moins prématurément. La cruelle lutte pour l'existence sévit partout. Seul le petit nombre élu, des plus forts où des plus aptes, est en état de soutenir victorieusement cette concurrence.

« La grande majorité des concurrents malheureux doit nécessairement périr. La sélection des élus est liée à la défaite ou à la perte du grand nombre des êtres qui ont survécu... » Haeckel.

Cette fois, travailleurs, on ne vous l'envoie pas dire, le développement de la bourgeoisie entraîne fatalement la perte du prolétariat, chaque jouissance nouvelle, apportée par la science à la bourgeoisie, correspond à une souffrance nouvelle pour les travailleurs. Pour que l'existence de la bourgeoisie soit assurée, il faut qu'elle ait rivé définitivement le prolétariat sous le joug où elle le tient courbé; ce n'est pas nous qui le lui faisons dire, c'est M. Haeckel, un bourgeois, qui doit le savoir puisqu'il a étudié pour cela.

Seulement où nous nous révoltons, c'est devant cette prétention des bourgeois de se croire les meilleurs, eux dont la seule supériorité consiste dans les billets de banque dont messieurs leurs papas ont eu soin de rembourrer leurs berceaux, eux qu'un siècle à peine de pouvoir a suffi à avachir et dont tout le mérite consiste à vivre en parasite aux dépens de ceux qui produisent. Quand des hommes d'un savoir supérieur comme ceux que nous venons de citer et qui ont tous les moyens de développement dont sont privés les travailleurs, en arrivent à tirer, des données scientifiques mises à leur disposition et que leur éducation leur permet d'analyser, des conclusions pareilles, nous sommes en droit de nous demander quel est le degré de développement qu'ils

auraient atteint s'ils avaient été privés de tout
moyen d'étudier.

Eux les meilleurs? mais pour quelques-uns qui
profitent réellement de ces moyens de développement
que procure la richesse ou la position sociale, combien dont l'intelligence reste véritablement infé-
rieure ?

Combien, parmi les travailleurs qui succombent
à la peine, exténués par un travail sans relâche et
qui pourtant, comme Chénier marchant à l'écha-
faud, auraient le droit de dire en se frappant le
front : « Pourtant, il y a quelque chose là ! »

Appartenant à une classe dont l'émancipation n'a
été rendue possible qu'à l'aide de la force, nous
allons nous emparer des arguments fournis par les
savants officiels eux-mêmes, pour appuyer nos revendications et essayer de démontr r,en même temps
que l'organisation actuelle loin de favoriser les plus
aptes et les mieux doués, ne réserve, au contraire,
ses jouissances que pour une classe épuisée et ava-
rhie, que cette pénurie de vivres sur laquelle ils
s'appuient est un fantôme de leur imagination; et quand
même la lutte pour l'existence aurait été une des
causes du progrès de l'évolution humaine, il ne doit
plus en être ainsi aujourd'hui; ensuite que la science
et la raison s'accordent pour nier la suprématie que
prétendent s'arroger certaines classes ou certains
individus, sur le restant de l'humanité, même lorsqu'ils disent s'appuyer sur le nombre.

————

Les bourgeois qui veulent à tout prix étayer sur la
science l'exploitation qu'ils font subir aux travailleurs se sont jetés sur cette théorie de la « Lutte pour
l'existence » en démontrant — à ce qu'ils croyaient
du moins, — qu'elle a causé tous les progrès humains
en forçant les individus à tenir leurs facultés en
éveil pour arriver à la satisfaction de leurs besoins ;
en les développant par les nécessités de la lutte ; en
faisant pour ainsi dire aux races une loi de progres-

ser toujours, sous peine de disparaître. Et, d'après
eux, il doit continuer à en être ainsi, car, si les individus se trouvaient placés dans un état où ils pourraient être assurés de la satisfaction de leurs besoins
et où ils seraient tous égaux, il n'y aurait plus d'é-
mulation, partant plus d'initiative; une société pareille ne tarderait pas à déchoir, disent-ils.

Pour combattre ces prétentions citons les bourgeois
eux-mêmes :

« ..... Un grand inconvénient de la guerre sociale comparée à la guerre simplement naturelle,
c'est que les influences de la loi naturelle *étant plus
ou moins entravées* par la volonté et les institutions
humaines, *ce n'est pas toujours* le meilleur, le plus
robuste, le mieux adapté qui a chance de triompher
de son concurrent. *Au contraire*, ce serait plutôt la
grandeur individuelle de l'esprit qui serait habituel-
lement sacrifiée à des préférences personnelles ins-
pirées par *la position sociale, la race, la richesse.*
(Buchner, l'Homme selon la Science, pages 207 et
208).

De même, la lutte, au lieu d'être le produit des
inégalités naturelles en serait au contraire la cause ;
voici ce que dit encore Buchner : « Toutes ces inégalités, ces monstruosités, il faut, comme nous l'avons dit,
les attribuer à la lutte sociale pour vivre, lutte *non
encore réglée par la raison et la justice, et particulière-
ment maintenue par les nombreux actes d'oppression
politique, de violence, de spoliation, de conquêtes, qui
remplissent l'histoire du passé et semblent aux yeux de
l'esprit mal éclairé des contemporains,* une inévitable
conséquence du mouvement social. » (l'Homme
selon la Science, page 222).

Certes, il a pu se faire que dans ces temps reculés où l'homme, confondu avec le restant de l'animalité, ne possédant pour toute arme que ses instincts:
le besoin de vivre et de se reproduire, un cerveau rudimentaire où s'imprimaient bien lentement chaque
progrès acquis, chaque adaptation nouvelle, il a pu

se faire que « la lutte pour l'existence » ait été pour lui une condition de vie ou de mort et qu'il ait dû s'y plier, mais ce facteur du progrès trouvé nous expliquerait seulement pourquoi les premières sociétés humaines furent, dès leur naissance, pour les plus forts, un moyen d'exploiter les plus faibles, mais à lui-seul n'expliquerait pas le progrès, si d'autres moteurs tels que l'aide mutuelle, la solidarité, ne venaient nous expliquer pourquoi, malgré tous leurs désavantages, les hommes se sont maintenus en sociétés.

_____

En effet, lorsque les premiers êtres organisés, après une suite ininterrompue de transformations et d'adaptations successives, parurent sur la terre, il est bien évident qu'entre tous ces organismes sans raisonnement, sans intelligence, poussés par le seul besoin de vivre et de se reproduire, ce dut être une guerre incessante et sans pitié pour les vaincus ; aussi dans les premières associations humaines — qui pourtant étaient déjà un essai de solidarisation d'intérêts et d'efforts — les plus faibles furent-ils sacrifiés aux plus forts ; car l'homme qui sortait à peine de l'animalité avait amassé en lui, par suite de cette lutte incessante contre la nature et les autres espèces auxquelles il disputait sa pâture et le droit de vivre une forte dose héréditaire d'instincts de lutte et de domination. Alors même qu'ils comprirent les bienfaits de l'association, les plus intelligents s'en servirent pour dominer les plus faibles et s'établir en parasites sur cet organisme nouveau : LA SOCIÉTÉ.

Mais, aujourd'hui que l'homme est un être conscient, aujourd'hui que l'homme compare et raisonne et que, pour transmettre à ses descendants ses connaissances et ses découvertes, il possède un langage, parlé et écrit, doit-il continuer à en être ainsi ? Evidemment non, et la nature offre assez d'obstacles par elle-même pour que l'humanité entière n'ait pas

de trop de toutes ses forces dirigées contre les difficultés naturelles et puisse y trouver les éléments
d'une lutte plus avantageuse sans avoir besoin de se
déchirer elle-même.

Aussi, lorsque les bourgeois viennent nous parler
de progrès, des droits de la société, etc., nous n'aurions qu'à leur rire au nez en leur répliquant par les
droits de l'individu qui, lui, se soucie fort peu du
progrès, s'il doit continuer à en être victime ; mais
nous verrons plus loin qu'une société où l'homme
serait assuré de la satisfaction de tous ses besoins,
loin d'être une entrave au progrès, lui viendrait au
contraire en aide, car la nature de l'homme est de
se créer des besoins au fur et à mesure de la facilité
qu'il trouve à les satisfaire. Nous allons voir que la
société actuelle, loin de réserver ses jouissances aux
plus intelligents, ne les réserve, au contraire, qu'à
une classe dégénérée.

————

Tant que la bourgeoisie a eu à lutter contre la noblesse, tant qu'elle a eu à combattre pour conquérir
sa place au soleil, peut-être a-t-elle pu développer
certaines qualités qui lui ont permis d'arriver à ce
qu'elle voulait et d'acquérir ce pouvoir, but suprême
de ses convoitises, mais une fois arrivée au but, il lui
arriva ce qui arrive dans le règne animal à tous les
parasites, notamment aux crustacés qui vivent sur
le dos de certains mollusques et dont les larves sont
plus développées que l'animal parfait : une fois ins-
tallé sur le dos de son hôte, il perd tous ses moyens
de locomotion pour développer des tentacules qui
ne lui servent qu'à s'attacher à celui qu'il exploite
et à en tirer sa nourriture ; ainsi, après avoir été un
animal agissant, luttant, il perd toutes ses facultés
pour se transformer en un simple sac digestif. Tel
est l'état de la bourgeoisie ; car ce qui fait la force
dans la société actuelle, ce ne sont ni les facultés
physiques, ni les facultés intellectuelles, c'est tout
simplement l'argent. On peut être scrofuleux, rachi-

tique, idiot, difforme au physique et au moral, si on a de l'argent, on arrive à tout et on est sûr de trouver femme pour faire souche d'une lignée qui vous ressemble: tandis que le prolétaire fût-il né avec un cerveau d'une capacité sans mesure, cela ne lui servira de rien si ses parents n'ont pas eu de l'argent pour lui donner l'instruction nécessaire à son développement.

Fût-il doué de tous les avantages physiques, le travail prématuré, les privations et la misère le ploieront avant l'âge, et si par hasard il a trouvé quelque malheureuse qui ait consenti à lier son sort au sien, ce ne sera que pour donner naissance à des êtres chétifs et malingres; car bien souvent, pour compléter la somme nécessaire à l'accouchement, la femme aura été forcée de travailler jusqu'au dernier jour, presque toujours dans des conditions défavorables et malsaines.

Le service militaire lui-même n'est-il pas une sélection à rebours puisque l'on prend les hommes les plus forts, les plus sains, pour les condamner au célibat et les envoyer pourrir dans les villes de garnison, tandis que les malades restent chez eux et se marient.

Enfin la bourgeoisie en est arrivée aujourd'hui à un tel degré d'avachissement, que, si elle était appelée à triompher dans la lutte que lui livrent les travailleurs elle aurait très peu à faire pour arriver à l'état de cette fourmi (*formica rufescens*) qui, à force de se reposer du soin de tout travail sur les esclaves de la fourmillière, est devenue « instinctivement si aristocratique », qu'elle *ne peut plus* manger seule et meurt de faim quand elle n'a plus de serviteurs pour lui donner la becquée.

Par le peu qui précède, on voit que la liberté de la « lutte pour l'existence » dont se réclament les bourgeois n'est qu'une liberté illusoire, et que ce combat pour l'existence, qu'ils voudraient voir se perpétuer entre nous, n'est que l'image de ces combats que l'aristocratie romaine se payait dans ses orgies sanglantes, où des chevaliers, armés de toutes pièces, descendaient dans l'arène, se mesurer contre de pauvres esclaves nus, armés d'un sabre de fer blanc.

Aussi lorsque la bourgeoisie vient nous dire que la vie est un éternel combat où les faibles sont destinés à disparaître pour faire place aux plus forts, nous lui répondrons : « Nous acceptons vos conclusions. La victoire est aux plus forts et aux mieux organisés, » dites-vous ! Eh bien soit, nous, travailleurs, nous prétendons à la victoire.

Votre force consiste dans le respect que vous avez su élever autour de vos privilèges, votre puissance est tirée des institutions que vous avez dressées comme un rempart entre vous et la masse, votre seule force enfin est dans l'ignorance où, jusqu'à présent, vous nous avez tenus de nos véritables intérêts et dans votre habileté à amener ceux des nôtres à défendre vos privilèges sous les noms trompeurs de « patrie, propriété individuelle, morale, religion, » etc. Eh bien, aujourd'hui que nous parvenons à voir clair dans votre jeu, que nous commençons à comprendre que notre intérêt est tout opposé au vôtre, nous voyons que vos institutions, loin de nous protéger, ne servent qu'à nous enserrer dans notre misère. A bas les préjugés bêtes, à bas le respect idiot; nous sommes les plus forts, puisque depuis une suite innombrable de siècles nous luttons avec la faim et la misère sous un travail éreintant, et pourtant nous sommes encore debout et vivaces, tandis qu'un siècle à peine de pouvoir a suffi à vous faire dégénérer; nous prétendons à la victoire parce que nous sommes les plus aptes, puisque toute votre organisation sociale retombe sur nous, étant les seuls à produire; nous prétendons à la victoire, parce que nous sommes les mieux adaptés et les mieux organisés; du jour au lendemain, ne pourriez-vous pas disparaître sans que cela nous empêchât de pro-

duire? tandis que du jour où nous refuserons de produire, il vous sera impossible de vous suffire à vous-
même; nous prétendons enfin à la victoire parce que
nous sommes les plus nombreux, ce qui, toujours selon vous, suffit à légitimer toutes les audaces. Au
jour de la bataille nous serions en droit de vous appliquer votre sentence en vous faisant disparaître
de la société dont vous n'êtes que les parasites. »

Vous l'avez dit vous même : « La victoire est aux
plus forts. »

XII

La lutte contre la nature.

Comme on le voit, sans avoir à rechercher d'autres arguments en faveur du droit à la révolte, que nous proclamons bien haut, nous n'aurions qu'à nous saisir de ceux que la bourgeoisie elle-même nous fournit et, avec les théories bourgeoises, saper les bases de l'ordre social qu'elles ont la prétention de consolider; mais nous avons des vues plus larges.

L'étude de l'histoire naturelle démontre que la puissance prolifique des espèces est en sens inverse de leur degré de développement; c'est-à-dire que, plus les espèces sont bas dans l'échelle sociale, plus elles se multiplient pour combler les vides occasionnés par la guerre que leur font les espèces supérieures; de sorte que l'homme qui est parvenu à réduire et à domestiquer la plupart des espèces utiles à son alimentation, est toujours assuré de pourvoir à ses besoins, en dirigeant la reproduction selon les besoins de sa consommation.

———

Comme on le voit, rien de plus facile que de réfuter les théories des savants bourgeois par leurs propres arguments. Ainsi, quand ils viennent vous dire « qu'une société égalitaire ne peut exister, parce qu'il existe des inégalités cérébrales; l'homme intelligent étant naturellement au-dessus de celui qui ne l'est pas, que du reste la brute ne peut être comparée à l'homme intelligent, qu'il faut que les intelligences supérieures soient à même de trouver une plus grande somme de jouissances, puisque, par leurs travaux, elles donnent davantage à la société. » Nous pourrions répondre hardiment que c'est encore une erreur, car au point de vue purement philosophique, ce n'est pas l'humanité qui doit à l'homme intelligent, mais l'homme intelligent qui doit à l'humanité, par le seul fait qu'il s'est accaparé une plus grande quantité de matière cérébrale, et que s'il a pu développer son cerveau, ce n'est qu'en puisant dans le stock des connaissances, découvertes, fruits du travail des générations passées. Par conséquent, plus la société l'a mis à même de se développer, plus il lui est redevable. Mais ceci n'est dit qu'en passant, car en nous plaçant au point de vue brutal du fait, nous verrons que l'homme trouve sa récompense dans son intelligence même et dans l'intense satisfaction que donne l'étude, et dans les jouissances que lui procurent les travaux qu'il veut mener à bien.

———

Puis, de quel droit un homme, parce qu'il serait plus intelligent qu'un autre, lui dicterait-il des lois? Malgré toute son intelligence, l'homme soi-disant supérieur a tous les défauts, ou tout au moins une partie des défauts inhérents à la nature humaine; il n'y a pas d'êtres parfaits, et tel qui raisonnera supérieurement dans les sciences les plus abstraites, fera souvent bien petite figure dans les circonstances les plus ordinaires de la vie, les savants eux-mêmes ne font aucune difficulté pour en convenir :

« ..... Chez certains savants, le développement intellectuel a éteint toute vie affective. Pour eux, il n'y a plus ni ami, ni famille, ni patrie, ni humanité, ni *dignité morale, ni sentiment du juste.* Indifférents à tout ce qui se passe en dehors du domaine intellectuel où ils se débattent, où ils jouissent, *les plus grandes iniquités sociales ne troublent pas leur quiétude.* Que leur importe la tyrannie, pourvu qu'elle respecte les bocaux, les cornues de leur laboratoire! Aussi les voit-on choyés, caressés par les plus avisés des despotes. Ce sont des êtres de luxe dont l'existence et la présence honorent le maître, *servent de passe-port à ses mauvaises actions*

et ne sauraient d'ailleurs le gêner en rien. » Letour-
neau, *Physiologie des Passions*, page 108).

Au lieu d'envisager la société humaine comme un
vaste champ de bataille où la victoire appartient
aux appétits les plus larges, nous pensons au contraire que tous les efforts de l'homme doivent s'unir
pour se tourner contre la nature seule qui présente
à l'homme assez de mystères, assez de difficultés
pour lui fournir les éléments d'un combat long et
acharné, pour lequel il n'aura pas de trop de toutes
ses forces.

Que de forces perdues, que d'existences sacrifiées,
soit dans le dur combat de la vie, soit dans les guerres stupides, que d'intelligences dévoyées qui, dans
un autre milieu, tourneraient au profit de l'amélioration du bien-être de l'humanité! Si tous ces hommes qui s'abrutissent et s'énervent dans la vie des
camps et des casernes, s'employaient à des travaux
d'assainissement, ou à d'autres travaux utiles, tels
que construction des canaux, percement de mon-
tagnes, etc., etc., ne voit-on pas quel immense avantage en retirerait l'humanité, sans compter celui de
voir ces hommes porter leur quote-part à l'œuvre
commune, au lieu de vivre en parasites sur l'humanité.

Si toutes les forces qui sont dépensées pour produire ces armes de guerre, ces engins destructeurs
étaient occupées à produire des machines et des ou-
tils perfectionnés, combien seraient réduites les
heures de travail que chacun aurait à fournir à
la société. Si tous les efforts des inventeurs qui s'a-
charnent à découvrir des cuirasses et des blindages
pour des navires que leur poids empêche de marcher — et que demain la création d'un nouveau ca-
non et d'un nouveau système de torpille rendra inutiles — étaient tournées à la création de nouvelles
machines propres à abréger le travail, ou à triompher de la nature, que de progrès s'accompliraient
qui, aujourd'hui encore, nous semblent à l'état de
rêve.

Dans la société que nous voulons, tous ces progrès, toutes ces découvertes seraient à l'avantage des producteurs, puisque dans cette société il n'y aurait que des travailleurs, tandis qu'actuellement, quand une découverte de ce genre voit le jour, elle n'apporte qu'un surcroît de charges et de misères pour eux, en prenant leur place dans l'atelier, en les rejetant sans ressources sur le pavé, tandis que les patrons accroissent leur capital de la différence de main d'œuvre qu'elle leur permet de réaliser.

Puis, à quoi bon continuer à s'entre-déchirer de nation à nation, de race à race? La terre n'est-elle pas assez vaste pour nourrir tout le monde? Certains bourgeois le nient.

————

Pour justifier cette pénurie de vivres qu'ils prétendent exister, nos savants à courte-vue ont établi (dans leurs livres) — nous ne savons sur quelles bases — des calculs d'où il s'ensuivrait, d'après eux, que les objets de consommation augmenteraient dans une proportion arithmétique de 2, 4, 6, 8, etc., tandis que la population augmenterait dans une proportion géométrique de 2, 4, 8, 16, etc.; de sorte, que si on laissait les choses continuer ainsi, les vivres viendraient à manquer complètement et les hommes se verraient forcés de revenir à l'anthropophagie d'où ils sont sortis; heureusement, disent-ils, l'organisation sociale intervient avec tout son cortège de fraudes, de guerres, et de maladies occasionnées par un travail sans trêve et une nourriture insuffisante pour rationner les hommes, les décimer et les empêcher de se manger entre eux, en les faisant crever de misère et de faim.

Or, rien de plus faux que ce calcul, car, à part toutes les terres incultes que l'on pourrait rendre productives, il est démontré que la culture morcelée empêche de faire rendre à la terre tout ce qu'il serait possible de lui faire rendre par l'exploitation en grand, les machines à vapeur et les engrais chimiques. Nous citerons à ce sujet l'Amérique avec ses plaines immenses dont les terres fouillées par les charrues à vapeur, et d'ailleurs exploitées sans aucune science, rendent tellement plus que nos champs français, avec beaucoup moins de travail, qu'il n'est déjà plus possible à l'agriculture française de soutenir la concurrence. Nous citerons encore les troupeaux innombrables de l'Amérique du Sud, sacrifiés rien que pour les cuirs, et dont la viande est perdue, non pas à cause du manque de débouchés, mais parce que l'abaissement du prix causé par l'importation serait préjudiciable aux intérêts de quelques individus qui, dans nos contrées élèvent le bétail pour nous le vendre le plus cher possible.

Nous ne saurions mieux terminer qu'en citant ce passage d'un savant qui, lui, ne saurait être suspect de révolutionnarisme ; il est vrai que nous écartons le sentimentalisme qui le guide :

« Aujourd'hui le plus fort, le plus riche, le plus haut placé, le plus savant exerce un empire presque absol⁰ sur le faible, sur l'ignorant, sur l'homme des classes inférieures, et il leur semble tout naturel d'épuiser à leur profit personnel les forces de ces derniers. La société entière doit nécessairement souffrir d'un tel état de choses ; elle doit comprendre qu'il vaudrait mieux voir tous les individus *concertant leurs efforts, se soutenant l'un l'autre,* tendre au même but, c'est-à-dire *secouer le joug des forces naturelles,* au lieu d'user le plus clair de leur vigueur à s'entredéchirer, à s'exploiter mutuellement. La rivalité, si utile en soi, doit subsister, mais en dépouillant l'antique et rude forme guerrière et exterminatrice de la lutte pour vivre, en revêtant la forme ennoblie mais vraiment humaine d'une concurrence ayant pour but l'intérêt général. En d'autres termes, *au lieu de la lutte pour vivre, la lutte pour la vie en général,* l'harmonie générale ; au lieu de l'universelle haine, l'amour universel ! A mesure que l'homme progresse dans cette voie, il s'éloigne davantage de son passé bestial, de sa subordination aux forces naturelles et à leurs inexorables lois, pour se rapprocher du développement idéal de l'humanité. Dans cette voie aussi l'homme retrouvera ce paradis dont la vision flottait dans l'imagination des plus anciens peuples, ce paradis, que, suivant la légende, le péché a ravi à l'homme ; avec cette différence toutefois, que le paradis futur n'est pas imaginaire, mais réel ; qu'il ne se trouve pas à l'origine mais à la fin de l'évolution humaine, qu'il n'est pas le don d'un dieu, mais le résultat du travail, le gain de l'homme et de l'humanité. » (Buchner, *l'Homme selon la science* p. 210 et 211.)

XIII

De l'individu dans la société

Que la terre est un bien commun à tous, que ses produits doivent servir indistinctement à la satisfaction de tous, voilà des vérités qui sont encore niées par quelques-uns, régardées comme utopiques par d'autres, mais qui sont acceptées par tous ceux qui pensent et sont parvenus à se débarrasser de quelques-uns des préjugés que leur a inculqué l'éducation malsaine qu'ils ont reçue de la société actuelle. Ceci est donc acquis, mais une autre vérité qui a bien du mal à se faire jour, c'est ce sentiment de liberté qui existe pourtant absolu au fond du cerveau de chaque individu, mais que l'on ne veut pas comprendre, faute de se l'être encore bien défini, et qui fait que tout en réclamant la liberté pour soi, on voudrait des lois pour réglementer celle de ses voisins, et par suite de ce préjugé fatal qui veut que l'individu soit esclave de la société où le hasard l'a fait naître, n'étant considéré lui-même que comme une parcelle de cette société, considérée elle, comme un être complexe devant englober l'humanité toute entière.

Les anarchistes, au contraire, voient dans l'humanité un vaste champ d'évolution, offrant à tous les tempéraments, à toutes les idées, à toutes les conceptions, la place et les moyens d'évoluer librement, selon leurs tendances et leur manière de voir.

C'est cette erreur signalée par nous plus haut qui, jusqu'à présent, a égaré tous les fabricants de systèmes sociaux, et leur a fait envisager l'individu comme un accessoire plus ou moins important de la société et l'ont, par conséquent, plus ou moins sacrifié dans l'organisation de leur système social.

Il est évident que tout groupe qui se forme doit

s'associer sur des bases convenues à l'avance, il que tout individu qui entre dans ce groupe, s'engage par cela même à en respecter les clauses, *tant qu'il en fera partie*. Mais si ce groupe ne répond plus aux aspirations de l'individu, pourquoi ne serait-il pas libre d'en sortir! Pourquoi de cette union de forces qui ne s'est faite qu'en vue de l'amélioration du bien-être des individus en résulterait-il le contraire : la perte de son individualité et de son autonomie?

Certains socialistes s'appuyant sur une opinion déjà émise par Haeckel, ont prétendu étayer ainsi leurs idées centralisatrices : Qu'on envisage (1), disent-ils, n'importe quel ordre de faits, par exemple dans des genres bien différents, soit la théorie cosmogonique tirant, au moyen d'une condensation progressive de parties de la matière éparse et sillonnée par des courants à mouvements tourbillonnaires, les mondes sidéraux, dont les masses subissent dans une liaison mutuelle l'action des unes sur les autres, — soit le perfectionnement du système nerveux et, par conséquent, de l'intelligence, croissant avec la concentration des cellules qui se subdivisent en circonscriptions diverses d'un organe central, soit le développement linguistique allant de la succession de mots invariables et indépendants à l'union des mots avec les éléments constitutifs de leurs relations actives ou passives, et de la modification des mots eux-mêmes suivant les rapports qu'ils affectent entre eux, — à tous les points de vue, l'évolution s'opère toujours par le passage d'une forme de plus en plus consolidée, d'un état diffus à un état concentré, et à mesure que devient plus grande la concentration des parties, leur dépendance réciproque augmente, c'est-à-dire que, de plus en plus, elles ne peuvent étendre leur activité propre sans le secours des autres. »

A cette affirmation prétendue scientifique c'est un bourgeois qui va répondre :

_____

(1) Gabriel Deville, *l'Anarchisme*.

« La « centralisation » dont parle M. Hæckel existe-t-elle réellement chez eux ? (les êtres pluricellulaires). Leurs cellules sont-elles divisées en cellules dominatrices et cellules obéissantes, en maîtres et en sujets ? Tous les faits que nous connaissons répondent *négativement avec la plus grande netteté*.

« Je n'insisterai pas sur l'autonomie réelle dont jouit manifestement chacune des cellules de tout organisme pluricellulaire ; ni M. Hæckel ni personne n'a en effet, nié cette autonomie, mais il est important de bien mettre en relief la nature des limites dans lesquelles elle s'exerce. Nous verrons ainsi qu'elle est beaucoup plus considérable qu'on ne l'admet généralement et que s'il est vrai que toutes les cellules dépendent les unes des autres, il est vrai aussi *qu'aucune ne commande aux autres*, et que les organismes pluricellulaires *même les plus élevés*, ne sont, *en aucune façon*, comparables à une monarchie ni *à toute autre gouvernement autoritaire et centralisé.* » (J.-J. de Lanessan, *Le Transformisme*, page 183).

Et plus loin :

« Autonomie et solidarité, ces deux mots résument les conditions d'existence des cellules de tout organisme pluricellulaire ; autonomie et solidarité, telle serait la base d'une société qui aurait été construite sur le modèle des êtres vivants (Le même, page 196).

« A tous les points de vue, nous dit-on, l'évolution s'opère toujours par le passage d'une forme incohérente à une forme de plus en plus consolidée. » Mais nous, anarchistes, nous n'avons jamais dit autre chose ; nous avons toujours reconnu que, en laissant à l'autonomie individuelle la faculté de se produire, il pourrait se faire que, dès le début, les premières manifestations ne soient pas des plus logiques. Mais, étant donné les maux dont nous souffrons de l'autoritarisme actuel, il est préférable de passer par cet état diffus, de subir ce gâchis que d'avoir recours encore une fois à l'autorité. Laissons les individus libres de se rechercher, laissons toutes les idées se faire jour, et nous verrons en très peu de temps tous les tâtonnements, toutes les hésitations, toutes les erreurs, faire place à l'entente et au fonctionnement harmonique de toutes nos facultés.

La société n'est pas un organisme existant par lui-même; son existence n'est pas indépendante des individus qui la composent; elle n'est rien par elle-même. Détruisez les individus, il n'y a plus de société; que l'association se dissolve, que les individus s'isolent, ils vivront mal, ils retourneront à l'état sauvage, mais ils pourront continuer d'exister. Donc la société n'a de raison d'être qu'à condition que ceux qui en font partie y trouveront un plus grand développement de bien-être et d'autonomie; elle n'a qu'un but, produire une plus grande somme de jouissances en raison d'une dépense moindre de forces. De plus, comme les besoins sont variés, comme les tempéraments ne sont pas les mêmes, il s'ensuit que cet état d'association peut revêtir des formes multiples; innombrables peuvent être les groupes qui se formeront certainement du jour où la libre spontanéité des individus pourra se donner carrière; d'où il résulte que c'est une erreur de faire converger les efforts de tous vers une amélioration sociale prise en dehors du bonheur individuel, c'est aller à contre-sens.

Que l'on développe le champ d'évolution de l'individualité, et on obtiendra une bonne évolution sociale. Si l'on veut que le fonctionnement de cette association de forces, que nous reconnaissons indispensable, ne soit pas entravé, il faut que l'individu, dans cette association, ne soit lésé dans aucune de ses aspirations, entravé dans aucun de ses mouvements. L'état social n'ayant de raison d'être, pour lui, qu'autant qu'il y trouve avantage, l'harmonie sociale ne peut exister que si tous y trouvent ces avantages. Si une classe d'individus s'y trouvait lésée, l'association n'aurait plus de raison d'être

pour eux, et ils auraient, par conséquent, le droit
de s'en retirer ou de se mettre en révolte contre cette
organisation si on voulait la leur imposer.

Si nous examinons l'histoire de l'humanité, nous
voyons qu'arrivé à une certaine période de développement, l'homme a recherché la société de son semblable, poussé par un besoin mal défini de sociabilité, mais à coup sûr aussi parce qu'il trouvait dans
cette association une plus grande sécurité, un plus
grand bien-être en raison d'une dépense de force
relativement moindre.

Nul doute que les premières associations humaines aient été des associations temporaires, sur le
pied de la plus parfaite égalité, où chacun apportait
sa part de force; et cet essai de passer de l'état naturel, isolé, à l'état d'association, indique seulement
que l'homme avait compris que ce n'était qu'en unis-
sant ses forces qu'il parviendrait à résister à ses ennemis mieux armés que lui pour la « lutte pour
l'existence »; mais, qu'il se soit laissé mettre sous
le joug, n'implique nullement une marque de progrès. Parce que de plus habiles et de plus forts
surent faire tourner à leur profit exclusif ces premiers commencements d'association au détriment du
bien-être d'une partie de l'humanité, cela ne veut
pas dire que cette exploitation en soit plus légitime.

Et si ces essais ont, dès le début, pris une fausse
route, s'ensuit-il qu'il doit continuer à en être ainsi?
Si nos ancêtres ont été assez naïfs pour accepter le
joug que des exploiteurs de l'époque leur ont imposé, ou trop faibles pour y résister, faut-il que leurs
descendants, qui, aujourd'hui, comprennent leurs
droits, ont conscience de leur force, continuent à se
laisser écraser?

Toutes les révoltes qui ont marqué les étapes du
Prolétariat, toutes les révolutions qui se sont faites
contre les pouvoirs constitués, nous prouvent que si
l'on a étouffé les revendications, on n'a pas pu
détruire ce sentiment d'indépendance qui gît au

fond du cerveau de chaque individu, sentiment qui peut s'endormir, mais qui se réveille sous les coups de fouets.

Si, après chaque révolution, on retombait dans l'ornière de l'oppression et de l'autorité, cela tenait à ces préjugés dont nous parlions plus haut; mais aujourd'hui que ces préjugés se trouvent attaqués, que ces sentiments d'indépendance se trouvent nettement formulés, cela nous donne bon espoir pour croire qu'au jour de la Révolution, les individus sauront bien s'organiser, sans direction ni autorité aucune.

XIV

L'autonomie selon la science

Quoi qu'on en ait dit, la science elle-même vient à l'appui des théories anarchistes, et nous démontre que tout, dans la nature, se meut en vertu de la loi des affinités et, par conséquent, est autonome: la nature est un vaste creuset où les différents corps viennent se transformer, en acquérant des propriétés nouvelles, sans volonté préconçue, par la loi des affinités.

Il est certain que dans la nature, dans les règnes minéral, végétal et animal, tout s'enchaîne; il est vrai que les mouvements et le développement des uns sont réglés par les mouvements et le développement des autres, que, par conséquent, l'individu dépend de la société dans laquelle il se meut et se développe, mais pour les bourgeois et les autoritaires de toute sorte, cette société se résume en une certaine organisation qui la représente, sous forme de pouvoir constitué, c'est ce que nous repoussons. Ce n'est pas l'individu, nous venons de le voir, qui doit se plier aux caprices de la société, celle-ci n'est que le fait de l'entente individuelle.

Il est vrai encore que la science nous démontre que tout dans la nature est régi par des lois immuables, appelées lois naturelles, lois qui veulent que toutes les molécules, ayant les mêmes affinités, se recherchent et s'unissent pour arriver à former, selon la manière dont elles se sont juxtaposées, selon le milieu dans lequel leur combinaison s'est faite, soit un minéral, soit un organisme quelconque. Qui a fait ces lois? — Pour le prêtre, c'est un être surnaturel qu'il a baptisé du nom de « Dieu ». Pour le savant, s'il est parvenu à se dépouiller de toutes les superstitions dont son enfance et son éducation ont été entourées, ces lois sont la résultante des propriétés elles-mêmes que possèdent les différents matériaux dont l'univers est composé, et elles résident dans ces propriétés mêmes.

La loi, ici, n'apparaît plus pour régir les diverses parties d'un tout, mais pour expliquer que si ses phénomènes se sont produits dans tel ou tel sens, de telle ou telle manière, c'est que, par la force même des qualités des corps, il ne pouvait en être autrement.

Les lois sociales, selon nous, ne peuvent pas avoir d'autre sens que les lois naturelles; elles ne peuvent qu'expliquer les rapports entre les individus. Mais alors, elles n'ont pas besoin d'un pouvoir oppresseur pour les mettre à exécution, puisqu'elles ne sont que la constatation d'un fait accompli; il ne reste donc qu'à créer un milieu qui permette à ces lois de s'appliquer par le fait même de l'évolution libre des individus.

En chimie, par exemple, quand on veut associer deux corps, est-ce la volonté de l'opérateur qui agit et fait que différents corps s'associent? Non, il a fallu auparavant étudier la propriété de ces corps, de sorte que l'on sait qu'en opérant sur telles quantités, dans telles conditions, on obtiendra tel résultat; inévitable chaque fois que l'on opérera dans les mêmes conditions.

Si, au contraire, l'opérateur voulait associer des corps doués de propriétés différentes, ces corps s'annihileraient ou se détruiraient; il en sera toujours de même pour les sociétés humaines, tant que l'on voudra les organiser arbitrairement, sans tenir compte des tempéraments, des idées ou des affinités des individus.

Le rôle du chimiste se borne donc à *préparer* le milieu et les conditions dans lesquels doivent s'opérer les combinaisons qu'il veut produire, et il doit en être de même, en sociologie, du rôle des anarchistes : leur œuvre est de *préparer le milieu où les indiridus pourront évoluer librement*.

Quand les molécules, les cellules composant l'univers, ont pu librement s'associer quand rien n'a entravé leur évolution, la combinaison se fait et il en résulte un être complet, parfaitement constitué. Tandis qu'au contraire, quand cette association n'a pu se faire librement, quand l'évolution a été entravée dans sa marche, quand *l'autonomie* des différentes molécules a été violée — il en résulte ce qu'on appelle un monstre.

Et c'est justement parce que les anarchistes, veulent une société saine et parfaitement constituée, que nous demandons que l'autonomie des individus — ces molécules de la société — soit respectée. C'est justement parce que *nous voulons que tout ce qui a les mêmes affinités puisse s'associer librement selon les tendances de chacun que nous repoussons tout pouvoir voulant réduire tous les indiridus à la même estampille*, — ce pouvoir fût-il « scientifique. »

Du reste, nous l'avons déjà dit, et nous le répétons, il n'y a pas de cerveau assez vaste pour embrasser toutes les connaissances humaines. Quelle que soit l'estime que nous professons pour les savants, nous sommes forcés de reconnaître que les plus grandes iniquités sociales les laissent, pour la plupart, indifférents, il suffit de suivre leurs discussions, pour voir que nombre d'entre ceux qui se sont adonnés à telle ou telle étude, à telle ou telle branche du savoir humain s'en font un « dada » qu'ils enfourchent à tout propos, en font le moteur de toutes choses ne considérant les autres sciences que comme des accessoires, sinon inutiles au moins de fort peu d'importance. Non, non, la science est une belle chose, mais à condition qu'elle se renfermera dans son rôle savoir : constater les phénomènes qui s'accomplissent, en étudier les effets, en rechercher les causes, mais que chacun reste libre de s'en assimiler les

découvertes, selon ses aptitudes et son degré de développement.

D'ailleurs, n'est-il pas présomptueux de vouloir
tout régir « scientifiquement », alorsque tant de points
d'interrogation se dressent devant le vrai savant,
avide de connaître ? Et puis, n'est-ce pas précisément
parce que l'on a voulu toujours réglementer cette
association des intérêts faisant agir les individus, que
l'on est arrivé à produire ce monstre informe qui
s'appelle « la société » d'aujourd'hui ?

On est allé même jusqu'à prétendre que plus
l'homme se développait, plus la science élargissait
son domaine, plus l'homme perdait son autonomie,
l'emploi des machines et forces motrices mises à
sa disposition par la science, le poussant à l'association et lui enlevant ainsi cette autonomie en subor-
donnant son action personnelle à celle de ses co-asso-
ciés. On affirme que pour trouver une société où règne
l'autonomonie complète de l'individu, il faut remonter
aux sources de l'humanité, ou bien aller chez les races
actuelles les plus inférieures ; en sorte que l'on serait en droit de conclure que la société idéale de ces
assoiffés d'autoritarisme (qui après tout ne réclament
l'autorité qu'afin d'imposer leur manière de voir à
ceux qui ne pensent pas comme eux) serait une société ou l'individu n'aurait plus la liberté d'aller pis-
ser sans en demander l'autorisation.

Nous croyons, au contraire, que plus la science
se développe, plus elle ajoute à l'autonomie de l'individu. Si dans la société actuelle, chaque découverte
scientifique jette, en effet, les travailleurs sous la dépendance du capitaliste, c'est parce que les *institutions actuelles font tourner les efforts de tous au profit de quelques-uns*; mais dans une société basée sur
la justice et l'égalité, ces découvertes ne pourront
qu'ajouter à l'autonomie de l'individu ; il faut vraiment être aveuglé par la monomanie de l'autorité
pour oser prétendre qu'on doit remonter à l'origine

des sociétés ou bien aller chez les races inférieures
pour y retrouver l'autonomie. Est-ce que l'homme
était autonome, alors que, nu et sans défense, n'ayant
encore qu'une intelligence rudimentaire, il était livré à tous les hasards de la vie, forcé de lutter contre
la nature qu'il n'avait pas encore appris à connaître;
contraint de disputer sa nourriture aux grands carnas-
siers qui le surpassaient en force? Quelle somme
d'autonomie pouvait bien alors avoir l'homme,
forcé qu'il était, de soutenir à tous moments
le rude combat de l'existence ? Et le spectacle des
races dites inférieures de nos jours nous montre
bien, en effet, qu'il n'y a pas d'autonomie quand
l'homme est forcé de tenir constamment en éveil le
peu de facultés qu'il possède afin de pouvoir satisfaire ses besoins matériels.

———

Nous reconnaissons certainement que les grandes
découvertes, telles que celles de la vapeur, de l'électri-
cité, etc., ont comblé les fossés qui séparaient jadis
communes et nations, pour donner essor à la solidarité universelle, et nous ne pensons possible la révolution sociale qu'à condition d'être internationale.
Mais de ce que les travailleurs sont forcés d'associer
leurs efforts pour vaincre les obstacles que leur a
imposé la nature, s'ensuit-il que leur autonomie fût
amoindrie dans le sens d'une subordination quelconque? — Nous ne le pensons pas ; nous pensons, au
contraire, que les communes et les nations étant
désormais, en rapports continuels, toute autorité ser-
vant à établir ces raports et imposant sa volonté
pour socialiser les efforts des individus et des groupes, devient de plus en plus nuisible.

Si aux premiers temps de l'humanité, la fédération
des groupes isolés et la socialisation des efforts s'est
faite par l'intermédiaire d'une autorité extérieure,
cette solidarisation se fait aujourd'hui spontanément,
sans porter atteinte à l'autonomie des groupes,
et c'est précisément grâce à la vapeur et aux progrès

de la mécanique, qui ont établi des rapports suivis et fréquents entre ceux qui jadis n'apprirent à se connaître qu'en tombant sous la férule du même maître. — L'indépendance des individus et des groupes s'en trouvera-t-elle amoindrie? Nous ne le pensons pas non plus, puisque la vapeur et la mécanique, en mettant au service de l'homme des forces considérables qui permettent de vaincre la distance et le temps, sont venues augmenter cette indépendance en réduisant la somme de temps nécessaire à la lutte pour l'existence (lutte contre la nature — ne confondons pas) et leur permettre ainsi de dépenser la plus grande partie de leur temps dans un travail récréatif au sein d'une société basée sur la justice et l'égalité.

Oui, nous le reconnaissons, les découvertes scientifiques de l'homme le conduisent de plus en plus vers l'association des efforts et la solidarisation des intérêts. C'est la raison pour laquelle nous voulons détruire la société actuelle, basée sur leur antagonisme. Mais, de là à conclure à la nécessité d'un pouvoir, il y a loin. Où donc les autoritaires ont-ils pris qu'il puisse jamais y avoir solidarité d'intérêts entre celui qui commande et celui qui obéit?

Les progrès lentement accomplis par l'humanité ne sont-ils pas dûs justement à cet esprit d'insubordination et d'indiscipline qui a poussé l'homme à s'affranchir des obstacles qui nuisaient à son développement, à cet esprit sublime de révolte qui l'entraînait à lutter contre la tradition et le quiétisme, à fouiller dans les recoins les plus obscurs de la science pour arracher ses secrets à la nature et apprendre à triompher d'elle.

En effet, qui peut prévoir le degré de développement où nous serions arrivés, si l'humanité avait pu évoluer librement ; qui ne sait aujourd'hui que beaucoup de découvertes dont s'enorgueillit le XIXᵉ siècle, avaient été faites jadis, mais que les sa-

7

vants avaient dû les tenir secrètes, afin de ne pas être brûlés comme sorciers. Si le cerveau humain n'a pas été broyé dans ce double étau : l'autorité temporelle et l'autorité spirituelle ; si le progrès a pu se faire malgré cette compression, sous laquelle l'humanité se trouve depuis que l'homme est un être pensant, c'est que l'esprit d'insurrection était plus fort que la compression elle-même.

Les autoritaires disent qu'ils ne veulent un pouvoir que pour guider cette évolution des idées et des hommes. Mais ne voient-ils donc pas que vouloir contraindre tous les hommes à subir le même mode d'évolution, — ce qui arriverait inévitablement si une autorité quelconque se chargeait de la guider,— ce serait cristalliser la civilisation dans l'état où elle est aujourd'hui ? Où en serions-nous actuellement si parmi les êtres inconscients des premiers âges de l'humanité il s'était trouvé des esprits « scientifiques » assez forts pour diriger l'évolution de l'humanité dans le sens des connaissances qu'ils possédaient à cette époque.

Il ne faudrait pas en conclure que notre idéal à nous, soit ce que les partisans de Darwin en sociologie ont appelé « la lutte pour l'existence ». Non ; la destruction des espèces plus faibles par les espèces plus fortes a pu être une des formes de l'évolution humaine dans le passé ; mais aujourd'hui que l'homme est un être conscient ; aujourd'hui que nous commençons à entrevoir et à comprendre les lois qui régissent l'humanité, nous pensons que l'évolution doit revêtir une forme différente. Comme nous l'avons dit plus haut, cette forme est la solidarisation des intérêts et des efforts individuels pour arriver à un meilleur avenir. Mais nous sommes convaincus aussi que cette solidarisation du but et des efforts ne peut naître que de la libre *autonomie* des individus qui, libres de se rechercher entre eux et d'unir leurs efforts dans le sens qui répondra le mieux à leurs aptitudes et à leurs aspirations, n'auront plus besoin de peser sur personne, puisque personne ne viendra peser sur eux. Et comme l'homme est assez développé aujourd'hui pour reconnaître, par l'expérience, le bon ou le mauvais côté d'une action, il est évident que dans une société sans pouvoir, les groupes ou les individus qui se seront fourvoyés dans une mauvaise voie, voyant à côté d'eux des groupes mieux organisés, sauront abandonner la mauvaise voie pour se rallier à la manière de faire qui leur paraîtra la meilleure.

De cette façon, le développement progressif de l'humanité étant débarrassé des obstacles qui l'ont entravé jusqu'à ce jour, l'évolution des idées et des individus ne nous présentera plus qu'une lutte pacifique, où chacun rivalisera de zèle afin de produire mieux que les autres, et nous conduira ainsi au but final : *le bonheur de l'humanité.*

CONCLUSION

S'il est une doctrine qui ait eu le don de soulever les fureurs et les calomnies de tous les partis politiques, c'est bien la doctrine anarchiste. Effrayés des progrès que font, dans l'esprit des exploités, les idées nouvelles, tous ceux qui ne vivent que d'exploitation — exploitation industrielle, capitaliste ou politique — se sont fraternellement unis pour tomber sur ces nouveau-venus qui osent les troubler dans leur quiétude en émettant des « théories subversives » de tout ce qu'il était convenu de respecter.

No pouvant réfuter des théories que, pour la plupart, leur faiblesse intellectuelle les empêche de com rendre, ils ont cependant senti que, si les idées nouvelles prenaient pied, c'en était fait de l'exploitation et des privilèges qu'elle leur procure. Menacés au ventre, ne voyant aucune chance pour leur parasitisme de se perpétuer dans un nouvel ordre de choses, ils ont eu recours à la prison et aux calomnies pour nous répondre.

« Les anarchistes, se sont-ils écriés sur tous les tons, ne sont pas un parti, ils n'ont pas d'idées sur l'organisation sociale ; ils n'ont que des appétits, ils voudraient nous ramener au règne de la force et de la brute ». Et les injures et les calomnies les dispensant d'arguments, ils ont fait, dans leurs journaux, un tel renom d'insanité et de violence irraisonnée aux anarchistes, que tous les imbéciles — et ils sont nombreux malheureusement — qui ne se font une idée que d'après le journal qu'ils lisent, ont accepté, comme vérité, ce fatras de mensonges et ne voient dans les anarchistes qu'une bande de forcenés qui ne savent pas ce qu'ils veulent.

C'est vraiment bien à ces ventrus de venir nous parler d'appétits et de convoitises, eux qui se sont gardé toutes les jouissances de la vie ; eux qui, en effet, n'ont plus d'appétit.

.....Ils sont tellement saoûls des jouissances que leur procure la fortune, qu'ils en sont blasés, qu'ils en sont réduits à en chercher de nouvelles dans les raffinements contre nat   , dans les passions anormales. Pauvres gens !

———

Hommes d'appétits et de convoitises, ces anarchistes qui sacrifient leur existence et leur liberté à la conquête d'une organisation sociale qui donnera libre jeu à l'évolution de tous ! hommes d'appétits quand, avec l'absence de préjugés qui les caractérise, ils pourraient se faire une trouée et se tailler une large place dans les institutions de la société actuelle, ouverte à toutes les ambitions, à tous les appétits, à toutes les monstruosités dérivant d'une éducation faussée et corrompue, pourvu que celui qui veut arriver ferme les yeux sur ceux qu'il renverse sur sa route, et se bouche les oreilles pour ne pas entendre les cris et les plaintes de ceux qu'il foule aux pieds dans la course folle qui les emporte à la curée.

Hommes d'appétits et de convoitise, ces anarchistes que nous avons vu défiler dans les différents procès dont on a cru accabler le parti, qui, bourgeois déclassés — ils ne sont pas nombreux chez nous, il est vrai, — avaient sacrifié une position faite, qui, travailleurs après une journée de labeurs et de fatigues, prenaient encore sur leur temps de repos pour aller annoncer à leurs frères de misère cet avenir meilleur qu'ils entrevoyaient dans leurs rêves, ou pour leur dévoiler leurs vrais ennemis, en leur expliquant les causes réelles de leur misère ; hommes d'appétits tous, quand il leur aurait suffi pour la plupart d'accepter la société telle qu'elle est faite et un peu de souplesse d'échine pour entrer dans les rangs de nos exploiteurs actuels!

Enfin, hommes d'appétits et de convoitise tous ces travailleurs qui soupirent après un état meilleur, eux qui, dans la société actuelle, produisent tous les objets de luxe et de jouissances pour leurs exploiteurs et se serrent le ventre tout le long de l'année! Hommes d'appétits et de convoitise ceux qui réclament leur part de consommation dans les richesses qu'ils produisent!

———

Mais ceux qui nous oppriment? Oh! Ils sont loin d'être des hommes d'appétits et de convoitise, comment donc? Ecoutez-les au sortir d'une nuit de débauche, venir nous prêcher la morale, la tempérance et la sobriété dans des discours coupés par les hoquets d'un repas trop copieux où ils auront absorbé individuellement la subsistance de plusieurs familles. Eux des hommes de convoitise? Les pauvres gens, que vous les connaissez mal! Mais s'ils consentent à s'empiffrer de la sorte au risque de crever d'indigestion, ce n'est certes pas pour leur satisfaction personnelle, oh que non! c'est par humanité...! Ne faut-il pas qu'ils rendent à la circulation, l'argent qu'ils ont soutiré au commerce et à l'industrie, à la sueur du front...de leurs serfs du sol, de la mine ou de l'atelier? Allons, pauvres diables qui tremblez, hâves et déguenillés, sous la morsure du froid, qui vous crispez, le ventre creux, sous les étreintes de la faim, réjouissez-vous! Pour vous faire plaisir et vous procurer du travail, vos exploiteurs se couvrent de beaux habits, s'emmitouflent de fourrures, se délectent dans des repas dispendieux à votre intention et le soir, quand vous irez étendre sur un méchant grabat vos membres endoloris par une journée de travail, eux, dans la nuit, quand au sortir de chez leur maîtresse — bien souvent une de vos filles qu'ils ont enlevée et qu'ils couvrent d'or et do pierreries, achetées du fruit de votre travail, — ou bien en sortant de leur cercle où dans des parties fantastiques, ils auront laissé la fortune d'une famille, ils iront mollement étendre leur carcasse détraquée par les excès, ils s'endorment heureux. N'ont-ils pas bien gagné leur sommeil? Ils ont travaillé... à vous river de plus en plus à la glèbe ou à l'usine.

———

« Oh! Nous savons bien ce que vous autres anarchistes vous répondrez : il aurait bien mieux valu, ne pas exploiter les travailleurs et leur laisser à eux-mêmes le soin de dépenser comme bon leur semblerait le fruit de leur travail ; mais nous savons que vous n'êtes que des hommes de rapine, qui n'avez en vue que le pillage, le meurtre et l'incendie; vous n'avez que des appétits »... cela répond à tout et... dispense de bonnes raisons.

Ce qui fait que tous les partis tombent rapprochés dans une si touchante union sur le dos des anarchistes, c'est que, faisant partie de la classe des exploiteurs actuels, ou aspirant à y entrer, il faut bien qu'ils prennent la défense de ce dont ils espèrent tirer profit un jour, et qu'ils essaient de se débarrasser de ceux qui leur barrent la route; or, pour ameuter les naïfs contre eux, quoi de mieux que de les faire passer pour des ambitieux n'ayant qu'un but, se jeter à la curée des biens de « ceux qui, par leur travail et leur économie, se sont assuré un peu de pain pour leurs vieux jours! » Malheureusement pour eux, ce cliché ne prend plus sur l'esprit des travailleurs; le respect de la propriété individuelle se perd, le travailleur ne croit plus au capital « fruit de l'épargne et du travail », quand lui-même ne peut amasser de quoi manger à son appétit tout en travaillant.

———

Les anarchistes n'ont que des appétits! Comment espérez-vous le faire croire? Quand tous les jours ils

disent aux travailleurs : « Ce sol dont on vous a
frustrés vous appartient; personne n'a le droit de
s'en emparer pour ses seuls besoins, et de dire :
Cela est à moi, cela m'appartient. Les fruits de la terre
appartiennent à tous, tout le monde a le droit de
manger à sa faim tant qu'il y a des vivres au banquet de la nature. » Des hommes d'appétits, quand
ils s'efforcent de faire comprendre aux travailleurs
qu'il nous faut une société où tout le monde doit
pouvoir trouver la satisfaction de ses besoins physiques ou intellectuels, une société où nous ne verrons
plus ces monstruosités auxquelles nous assistons
dans la société actuelle : des individus dans la force
de l'âge, mourant de misère, de besoins, ou cherchant dans le suicide un moyen d'échapper aux an-
goisses de la faim, lorsque, à côté d'eux se dépensent,
dans des orgies sans nom, des sommes folles qui
suffiraient à les défrayer pour le reste de leur existence.

Des hommes de convoitise, les anarchistes, quand
leur principale propagande est de faire comprendre
aux individus qu'il faut qu'ils détruisent les situations qui pourraient permettre aux intrigants de
dominer les autres, quand ils s'efforcent à chaque
instant de faire comprendre que, quels que soient les
hommes au pouvoir, ce pouvoir sera forcément arbitraire, puisqu'il ne servira que la volonté de quelques individus, détenant l'autorité du Droit Divin,
du Droit du Sabre ou du Droit de Vote.

———

Voilà bien ce qui vous ameute contre nous, voilà
ce qui vous fait crier, c'est que nous apprenons aux
travailleurs à faire leurs affaires eux-mêmes, et à ne
se reposer sur personne du travail à accomplir, à ne
pas déléguer leur souveraineté s'ils veulent la conserver; c'est que vous sentez que dans la propagande
que nous faisons, nous ne laissons pas de place aux
appétits de cette meute de faméliques en chasse de
places et d'honneurs, et surtout d'émoluments; c'est

que vous sentez enfin votre rôle s'effacer peu à peu et qu'étant trop gangrenés pour vous mettre franchement avec les travailleurs, vous bavez sur tout ce qui travaille à leur affranchissement.

Et bien! bavez tant qu'il vous plaira, ce ne sont ni vos injures, ni vos calomnies qui arrêteront notre propagande, Oui, nous avons des appétits. Eh bien après? Il ne s'agit que de s'entendre sur la signification du mot appétit. Oui, nous voulons une société où chacun pourra satisfaire ses *besoins* physiques et intellectuels ; oui, nous rêvons une société, où toutes les jouissances du corps et de l'esprit ne seraient plus accaparées par une classe privilégiée, mais fussent à la libre disposition de tous. Oui, nous sommes des hommes et nous avons les appétits de l'homme ; nous n'avons pas à nous cacher d'être conformes à notre nature. Mais, nous avons aussi une telle soif de justice et de liberté, que nous voudrions une société exempte de juges, de gouvernants et de tous les parasites qui constituent le monstrueux organisme social dont est affligée l'humanité.

Quand au reproche de ne pas avoir d'idéal, les déclarations que les anarchistes ont faites dans leurs journaux, devant vos tribunaux, partout où ils ont pu parler au public, suffisent à prouver la fausseté de vos affirmations. Nous avons essayé, avec arguments à l'appui, dans le cours de ce travail, de prouver que la société que nous désirons n'est pas aussi impossible que vous prétendez, et en passant, nous avons démontré que toutes vos institutions ne sont faites que pour la défense de vos intérêts particuliers et votre préservation contre les réclamations de ceux que vous avez spoliés; que loin d'être des institutions normales, elles ne reposent que sur l'arbitraire et sont absolument contraires aux lois de la nature. Puis, pour finir, nous pensons avoir prouvé que la science et la nature s'accordent pour proclamer l'autonomie complète de l'individu.

Pour terminer, il nous reste à démontrer que si nous nous réclamons de la révolution, c'est non seulement parce que nous la croyons seule efficace pour nous affranchir, mais aussi parce qu'elle est inévitable et que la mauvaise organisation sociale que nous subissons nous y conduit fatalement.

En effet, ce qui effraie surtout un grand nombre de travailleurs, et les éloigne des idées anarchistes, c'est ce mot de Révolution qui leur fait entrevoir tout un horizon de luttes, de combats et de sang répandu, les fait trembler à l'idée qu'un jour ils pourront être forcés de descendre dans la rue et de se battre contre un pouvoir qui leur paraît, de loin, un colosse invulnérable, contre lequel il est inutile de lutter violemment, et qu'il est impossible de vaincre.

Les révolutions passées, qui toutes ont tourné contre leur but, et l'ont laissé toujours aussi misérable que devant, ont contribué pour beaucoup aussi à rendre le travailleur sceptique à l'égard d'une Révolution nouvelle. A quoi bon se battre et aller se faire casser la figure, se dit-il; pour qu'une bande de nouveaux intrigants nous exploite au lieu et place de ceux qui sont au pouvoir actuellement, je serais bien bête; et, tout en geignant de sa misère, tout en murmurant contre les hâbleurs qui l'ont trompé par des promesses qu'ils n'ont jamais tenues, il se bouche les oreilles contre les faits qui lui crient la nécessité d'une action virile, il ferme les yeux pour ne pas avoir à envisager l'éventualité de la lutte qui se prépare, il se terre dans son effroi de l'inconnu, il sait bien que la misère qui frappe autour de lui l'atteindra demain et l'enverra, lui et les siens, grossir le tas des affamés qui vivent de la charité publique. Un changement lui paraît inévitable, mais il espère dans des à-coups providentiels qui lui éviteront de descendre dans la rue, et alors, il se raccroche de toutes ses forces à ceux qui lui font espérer ce changement sans lutte et sans combat; il acclame ceux qui daubent sur le pouvoir, lui font espérer des réformes, lui font entrevoir toute une législation en sa faveur, le plaignent de sa misère et lui promettent de l'alléger.

Croit-il davantage en eux qu'en ceux qui lui parlent révolution? Il est probable que non, mais ils lui font espérer un changement sans qu'il ait à prendre part directement à la lutte, cela lui suffit à l'heure actuelle. Il s'endort dans sa quiétude, attendant de les voir à l'œuvre, pour recommencer ses plaintes, lorsqu'il verra éluder les promesses, s'éloigner l'heure de leur réalisation. Jusqu'au jour où, acculé à la faim, le dégoût et l'indignation étant à leur comble, on verra descendre dans la rue ceux qui, à l'heure actuelle, semblent les plus éloignés de se révolter.

———

Pour qui réfléchit et étudie les phénomènes sociaux, la Révolution est inévitable, tout y pousse, tout y contribue et la résistance gouvernementale peut en éloigner la date, en enrayer les effets, mais non l'empêcher; de même que la propagande anarchiste peut en hâter l'explosion, contribuer à la rendre efficace, en instruisant les travailleurs des causes de leur misère, mais serait impuissante à l'amener, si elle n'était le fait de l'organisation sociale vicieuse dont nous souffrons.

Donc, quand les anarchistes parlent de révolution, ils ne s'illusionnent pas au point de croire que c'est leur propagande qui amènera les individus à descendre dans la rue, à remuer les pavés et à attaquer le pouvoir et la propriété, et que leur seule parole va enflammer les foules au point qu'elles vont se lever en masse et courir sus à l'ennemi. Les temps ne sont plus où le peuple s'enflammait à la voix des tribuns et se soulevait à leurs accents.

Notre époque est plus positive; il faut des causes, il faut des circonstances pour que le peuple se révolte. Aujourd'hui les tribuns sont bien diminués et ne sont plutôt que les porte-parole—plus ou moins fidèles — du mécontentement populaire, qu'ils n'en sont les inspirateurs. Si les anarchistes se réclament de la Révolution, ce n'est donc pas parce qu'ils espèrent que la foule descendra dans la rue à leur voix, mais seulement parce qu'ils espèrent lui faire comprendre qu'elle est inévitable et l'amener à se préparer pour cette lutte, à ne plus l'envisager avec crainte mais l'habituer à y voir son affranchissement. Or, ce positivisme de la foule a cela de bon de la détacher des hâbleurs; si elle s'engoue pour eux, elle s'en détache aussi vite, au fond elle ne cherche qu'une chose, son affranchissement, et elle discute les idées qui lui sont soumises. Peu importe qu'elle s'égare, son éducation se fait tous les jours, et elle devient de plus en plus sceptique à l'égard de ceux qu'elle acclame momentanément comme ses sauveurs.

La Révolution ne se crée ni ne s'improvise, c'est un fait acquis pour les anarchistes; pour eux, c'est un fait mathématique découlant de la mauvaise organisation sociale actuelle; leur seul objectif est que les travailleurs soient assez instruits des causes de leur misère afin qu'ils sachent profiter de cette Révolution qu'ils seront fatalement amenés à accomplir, et ne s'en laissant pas arracher les fruits par les intrigants qui chercheront à se substituer aux gouvernants actuels, et à substituer, sous des noms différents, un pouvoir qui ne serait que la continuation de celui que le peuple aurait renversé.

Donc, la situation ne peut se prolonger indéfiniment, tout nous mène à un cataclysme inévitable.

L'État a beau augmenter sa police, son armée, ses emplois, les perfectionnements apportés par la science, le développement de l'outillage mécanique jettent tous les jours un nouveau stock de travailleurs inoccupés sur le pavé, et l'armée des affamés grossit toujours, la vie devient de plus en plus difficile, les chômages plus fréquents et plus longs.

Comme nous le disions plus haut, beaucoup de

travailleurs repoussent, actuellement, toute idée de
révolution, quand on leur prêche la reprise violente
du sol des instruments de travail. Egarés par l'espoir, toujours déçu pourtant, des concessions en
leur faveur de la part de la classe possédante, in-
quiets, quoiqu'ils n'aient rien à craindre pourtant
des résultats d'une révolution dont ils n'aperçoivent
pas les avantages, beaucoup de travailleurs reculent
effrayés à cette idée de révolte. Vos idées sont bien
belles, nous disent-ils, mais ne sont pas réalisables,
une révolution ne l'est pas davantage. » Et pourtant, s'ils voulaient réfléchir, s'ils voulaient se rendre compte de cette organisation vicieuse de la société, qui tend toujours plus à concentrer
entre les mains de quelques-uns toute la richesse
sociale, — terre et outillage, — et chasse de plus en
plus le travailleur hors de l'atelier, pour le remplacer par des machines, des femmes et des enfants !

Oui, si la société bourgeoise était appelée à durer
longtemps; oui, si la bourgeoisie devait nous
imposer pour toujours le joug sous lequel elle
nous tient actuellement, on verrait l'élément homme
disparaître peu à peu des travailleurs; la société
bourgeoise ne conserverait qu'un petit nombre
d'hommes chargés de veiller sur son exploitation,
un certain nombre de femmes comme machines à
plaisir, et dévorerait des générations entières d'enfants qu'elle prendrait dès le plus bas âge pour les
jeter en pâture à son outillage mécanique. Regardez
dans nos villes industrielles, de l'Est et du Nord
principalement; regardez les villes manufacturières
de l'Angleterre, et dites-nous si nous avons chargé le
tableau.

Beaucoup de travailleurs frappés de ce fait brutal :
leur remplacement par le mécanisme, ont pris celui-
ci en haine et sont arrivés à en désirer la suppression; ne s'apercevant qu'ils n'en resteraient pas
moins à l'état de « machines à produire »; et que

par le fait de la suppression ils ne verraient se produire qu'une amélioration relative immédiate, très relative, qui ne tarderait pas à être ramenée à son point de départ, par la rapacité des exploiteurs.

*
* *

Il est évident que, dans la société actuelle, la machine fait beaucoup de tort aux travailleurs; elle augmente les chômages en activant la production; elle rend le travailleur plus dépendant de son exploiteur en le confinant dans une spécialité, ce qui le rend inapte à tout autre travail en dehors de sa spécialité, et bien souvent de l'atelier qui l'occupe; elle fait baisser les salaires en permettant aux exploiteurs de se passer plus facilement du concours de l'ouvrier qu'ils remplacent facilement par des enfants. En fin de compte, chaque amélioration apportée à l'outillage mécanique, chaque perfectionnement dans la société actuelle sont une cause de misère de plus pour le travailleur. Et cet état de chose ne peut aller qu'en empirant, car le perfectionnement du machinisme, qui s'est opéré depuis peu d'années, nous permet de prévoir le degré de perfection qu'il pourra atteindre.

Que voyons-nous, en effet, dans beaucoup de corporations? L'ouvrier disparaître pour faire place au spécialiste, qui n'est plus que ce que l'on est convenu d'appeler un homme de peine, c'est-à-dire un travailleur qui n'a pas besoin d'apprentissage pour faire le travail où il est confiné; nous voyons les machines faire avec dix, vingt, trente ouvriers, le travail qui, auparavant, en nécessitait trente, quarante, cinquante, cent; dans certaines corporations, enfin, nous voyons les patrons fournir en quelques jours les commandes où, auparavant, il leur fallait des mois de préparatifs.

*
**

Auparavant, le fabricant était obligé de faire fabriquer d'avance les produits dont il prévoyait la commande, afin d'être sûr de livrer à temps ; le
chômage alors était presque nul. Aujourd'hui, avec
l'outillage mécanique, le patron sait qu'il peut fournir de suite la commande qui lui sera faite,
le stock de travailleurs inoccupés qui sont sur le
pavé, lui garantissant le personnel nécessaire à cet
outillage, il n'a donc pas besoin de fabriquer
d'avance, il met son personnel à la porte, sans mé-
nagements, une fois la commande faite, s'il n'en est
pas arrivé d'autres. Les commandes, elles aussi, ne
sont faites qu'au dernier moment, de sorte que depuis quelque temps nous voyons les chômages per-
manents, la misère générale.

On nous répondra que ce n'est pas seulement depuis une année ou deux que l'outillage mécanique
existe, et qu'il y avait du travail auparavant. Oui,
certainement, mais il faut dire aussi que dans les
commencements, la machine produisait beaucoup
moins vite, la production étant devenue meilleur
marché, la consommation avait augmenté : l'équilibre s'est maintenu pendant un certain temps.

L'outillage s'étant graduellement perfectionné, la
soif de spéculation ayant poussé les individus à produire outre mesure ou, pour être plus exacts,
malgré cette amélioration toute passagère, les travailleurs n'ayant pu consommer selon tous leurs
besoins, l'encombrement n'a pas tardé à se faire
sentir. Actuellement, les magasins regorgent de
produits, le commerce crève de pléthore et les travailleurs de faim à côté des produits dont ils sont
les seuls producteurs.

De plus, ces conquêtes coloniales auxquelles se
livrait la bourgeoisie pour se créer des débouchés

nouveaux, deviennent de plus en plus difficiles, les marchés anciens devenant producteurs à leur tour, contribuent encore à l'engorgement de produits. Les krachs financiers se précipitent, contribuent à faire affluer les capitaux entre les mains d'une minorité toujours plus restreinte et à précipiter dans le prolétariat quelques petits rentiers, quelques petits industriels. Les temps ne sont pas loin où ceux qui craignent la Révolution commenceront à l'envisager avec moins d'effroi et l'appelleront de tous leurs vœux. Et ce jour-là, la Révolution sera dans l'air, il suffira de peu de chose pour qu'elle éclate, entraînant dans son tourbillon, à l'assaut du pouvoir, à la destruction des privilèges, ceux qui, actuellement, ne l'envisagent qu'avec crainte et défiance.

***

Oui, travailleurs, il est évident que les machines vous font tort, ce sont elles qui vous enlèvent le travail, ce sont elles qui occasionnent vos chômages et font diminuer vos salaires, ce seront elles qui, à un moment donné, en mettant un trop grand nombre des vôtres sur le pavé, vous pousseront à cette révolution que vous repoussez aujourd'hui de toutes vos forces. Mais, est-ce bien à elles que vous devez vous en prendre de tout ce mal ? Est-ce bien à elles que vous devez reprocher qu'elles fassent votre travail ? Est-ce que vous ne seriez pas satisfaits de n'avoir plus qu'à vous croiser les bras et à les regarder produire pour vous ces objets nécessaires à votre existence ? Est-ce que ce ne serait pas là le plus bel idéal à donner à l'humanité : arriver à dompter les forces naturelles pour les faire servir à faire fonctionner cet outillage mécanique en vue de produire pour et en place de l'homme ?

Eh bien ! compagnons, cela serait, cela se peut, cela sera si vous le voulez, si vous savez vous débarrasser des parasites qui absorbent le produit de votre travail. Si vous n'aviez pas des exploiteurs qui ont su faire tourner à leur profit exclusif toutes les améliorations que le génie et l'industrie de l'homme ont apportées dans les moyens de production, si ces machines enfin appartenaient à tous, au lieu d'appartenir à quelques-uns, vous les considéreriez comme un bienfait.

Compagnons de misère, quand, énervés par un long chômage, exaspérés par les privations de toutes sortes, vous en arriverez à maudire votre situation et à réfléchir aux moyens de vous en assurer une meilleure, attaquez-vous à ceux qui ont accaparé les jouissances de la vie, à ceux qui vous ont fait les *machines des machines*, mais ne maudissez pas la machine elle-même, c'est elle qui vous affranchira, c'est elle qui vous donnera le bien-être..... si vous savez vous en rendre maîtres.

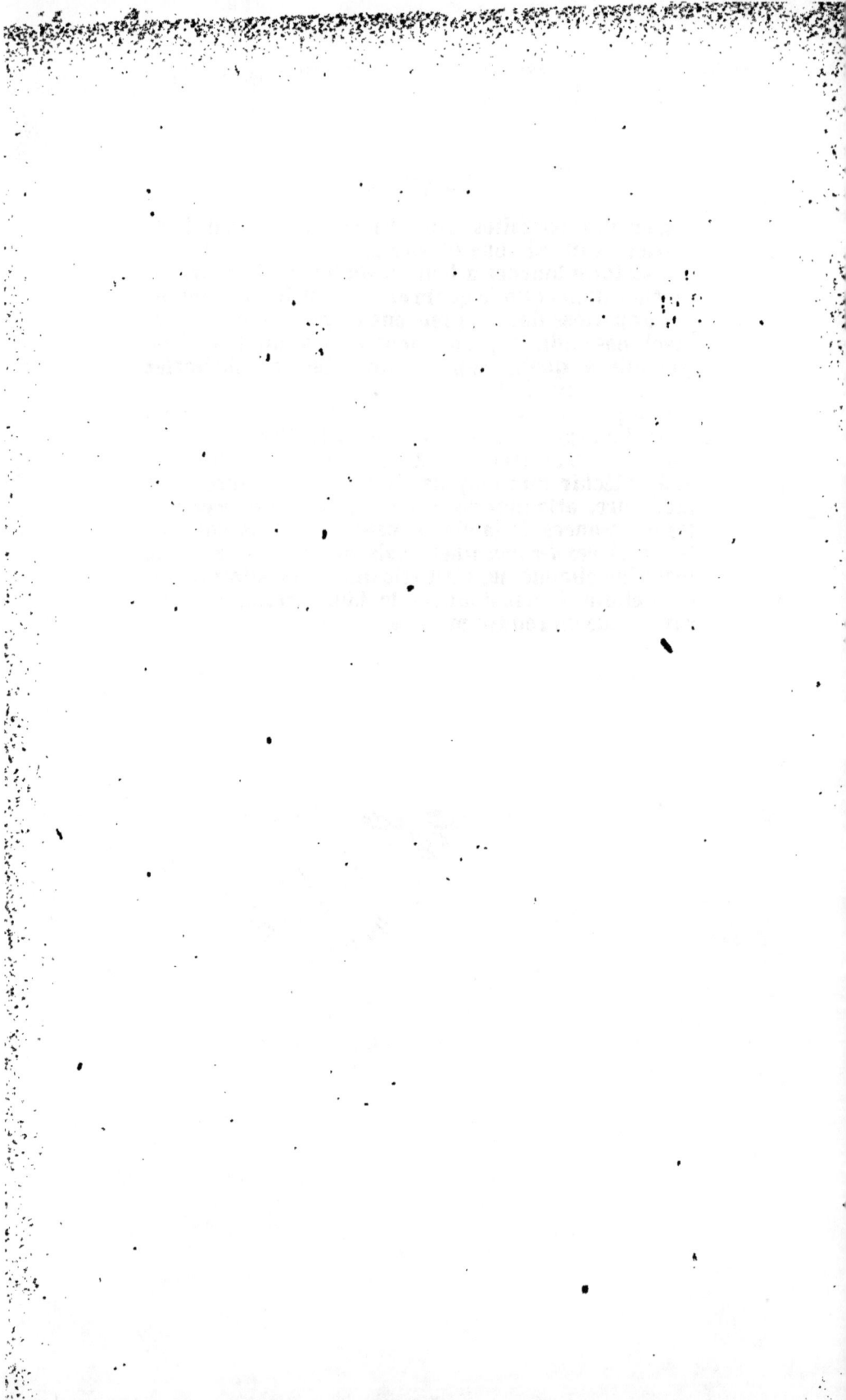

TABLE DES MATIÈRES

Chapitres	Titres	Pages
I	Autorité et organisation.	3
II	La Mesure de la Valeur et les commissions de statistique	9
III	La Dictature de classe	14
IV	Les Services publics.	19
V	Des Fainéants.	25
VI	De la période d'Education.	26
VII	Le libre choix de travaux.	36
VIII	Harmonie, Solidarité. . . . . . . : . .	43
IX	Communisme et anarchie.	48
X	De l'Influence Morale de la Révolution. . . .	55
XI	L'enfant dans la Société Nouvelle.	62
XII	La Révolution et le Darwinisme.	70
XIII	La Lutte contre la Nature.	80
XIV	De l'Individu dans la Société	86
XV	L'autonomie selon la Science	92
XVI	Conclusion.	100

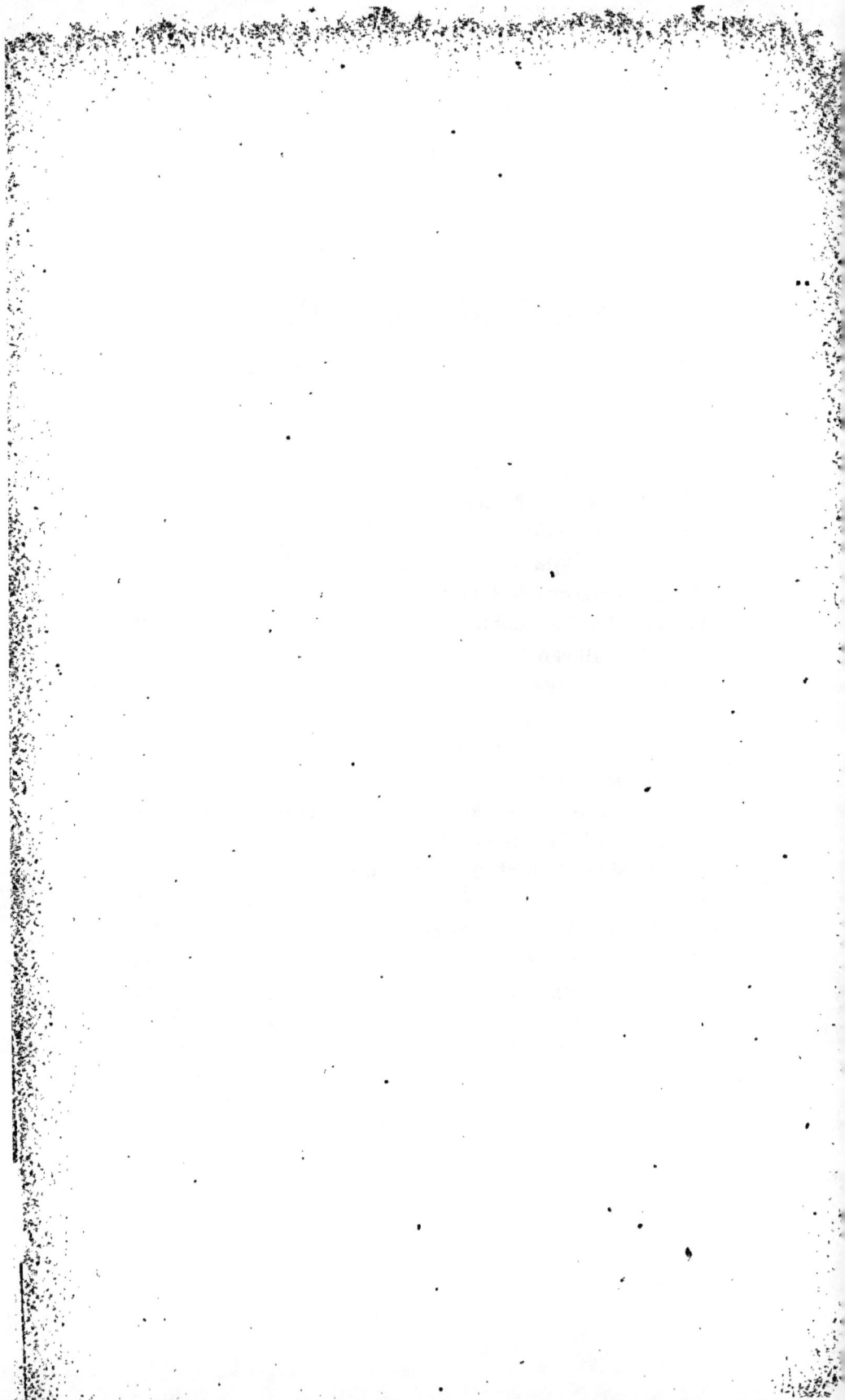

IMPRIMERIE LANGLOIS, 140, RUE MOUFFETARD, PARIS

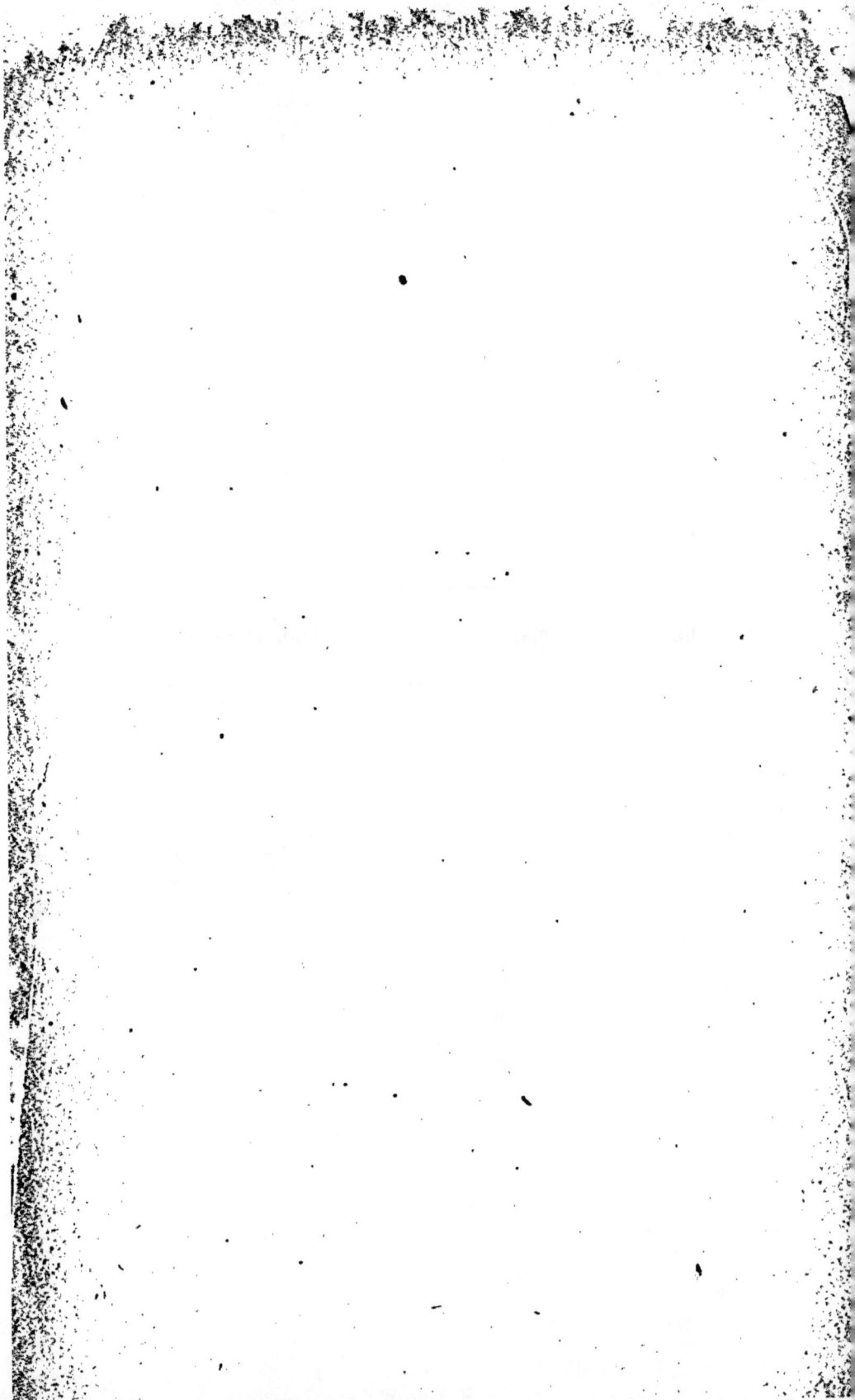

www.ingramcontent.com/pod-product-compliance
Lightning Source LLC
Chambersburg PA
CBHW071837090426
42737CB00012B/2274